NOTE,

CIRCULAIRES ET RAPPORTS

SUR LE SERVICE

DE LA CONSERVATION DES MONUMENTS HISTORIQUES.

MINISTÈRE D'ÉTAT.

NOTE,

CIRCULAIRES ET RAPPORTS

SUR LE SERVICE

DE LA CONSERVATION DES MONUMENTS HISTORIQUES.

PARIS.

IMPRIMERIE IMPÉRIALE.

M DCCC LXII.

NOTE

SUR LE SERVICE

DE LA CONSERVATION DES MONUMENTS HISTORIQUES.

Richesses monumentales de la France.

Peu de pays possèdent un aussi grand nombre de monuments que la France, aucun n'en a de plus variés de style et de caractère. Sans parler de ces étonnants amas de roches gigantesques qui semblent propres à la terre celtique, depuis les imposantes constructions des Romains jusqu'aux gracieuses fabriques de la Renaissance, la France peut montrer avec orgueil des types remarquables de toutes les architectures qui ont fleuri pendant dix-huit siècles. Nos cirques, nos aqueducs, nos arcs de triomphe, souvenirs de la conquête romaine, le cèdent à peine aux monuments de l'Italie. Où trouver une plus riche ornementation, des dispositions plus nobles que dans nos églises des XIe et XIIe siècles, bâties à l'imitation des splendides basiliques de Ravenne et de Constantinople? Quant à l'art gothique, on sait que c'est dans nos cathédrales qu'il faut en chercher les plus parfaits modèles. Enfin le goût éclairé de nos rois a naturalisé de bonne heure cette architecture élégante, qui s'est inspirée de la sévérité classique et de la fantaisie du moyen âge.

Telles furent, telles sont encore les richesses monumentales de la France, malgré les guerres civiles, malgré les fureurs révolutionnaires, malgré les préjugés et l'indifférence qui, depuis deux siècles, ont laissé périr ou mutiler tant de chefs-d'œuvre. Ce n'est que depuis peu de temps que, par un tardif retour au bon goût, disons mieux, au bon sens, on a songé enfin à conserver les monuments échappés à tant de causes de destruction.

Premières allocations en faveur des monuments historiques (1830).

Parmi les soins si importants qui occupèrent les Chambres en 1830, elles se souvinrent d'une de nos gloires nationales, et, pour la première fois, votèrent une allocation pour l'entretien des monuments historiques. La somme affectée à cette destination était bien insuffisante sans doute, et, cependant, plus d'une cause en rendait l'emploi difficile. Tout était à faire. Connaître exactement la situation de tant d'édifices à peine observés jusqu'alors et dont on ignorait même le nombre; trouver, pour en diriger la restauration, des artistes instruits dans un art oublié et longtemps objet d'injuste mépris; distinguer entre les monuments eux-mêmes les plus intéressants ou les plus menacés, voilà quels étaient les devoirs de l'administration. Mais, pour les remplir, elle n'avait que des renseignements vagues et incomplets. Point de correspondants dans les provinces; partout de l'indifférence ou des préoccupations décourageantes, enfin aucun artiste qui eût encore donné des preuves de sa capacité dans des travaux de la nature de ceux qu'on allait entreprendre. Quelques essais de restauration réussirent cependant, grâce au zèle et aux études spéciales de M. Vitet, inspecteur général des monuments historiques, secondé par le concours de plusieurs antiquaires qui s'empressèrent de se mettre en rapport avec l'administration. L'opinion publique accueillit avec faveur ces premiers efforts; les Chambres les apprécièrent, et bientôt donnèrent au Gouvernement les moyens d'en tenter de plus efficaces.

Création de la Commission des monuments historiques (1837).

En 1837, une Commission fut instituée auprès du ministère de l'intérieur pour l'examen de toutes les affaires relatives à l'entretien et à la conservation des monuments historiques. Déjà, de toutes parts, arrivaient des renseignements et aussi des demandes de secours. Des tournées d'inspecteurs faisaient connaître la situation de nos principaux édifices; une statistique monumentale, ébauchée depuis 1830, s'augmentait et se rectifiait tous les jours; enfin, dans la plupart des départements, des sociétés savantes se formaient pour réunir tous ceux qu'animaient le respect et l'amour de nos antiquités nationales. Cependant la faiblesse du crédit n'avait point encore permis de donner aux travaux une direction bien régulière; le Gouvernement ne pouvait accorder que des espèces d'aumônes, dont l'emploi était déterminé par les autorités locales, et la Commission n'en espérait guère d'autre résultat que de retarder les progrès de la destruction et de signaler à l'intérêt public les monuments objets de sa sollicitude.

Parmi toutes les difficultés que l'on vient d'indiquer, la plus grave sans doute était le choix des architectes chargés des restaurations. On sait, et la plupart de nos grands édifices en offrent les tristes preuves, que des réparations inhabiles leur ont été plus funestes que le vandalisme même. L'ignorance laisse des traces plus déplorables encore que le marteau bientôt lassé des démolisseurs. A cette époque, l'architecture ou plutôt les différents styles d'architecture du moyen âge n'avaient guère été étudiés que par des antiquaires, dont l'attention s'était beaucoup plus portée sur les caractères pittoresques que sur les principes de la construction. Aucune école n'existait où ces principes fussent enseignés. A peine trouvait-on quelques livres où l'on commençait à noter et à distinguer les formes et les dispositions particulières aux différentes époques de l'art.

Dès que, grâce à la libéralité des Chambres, l'administration eut obtenu des ressources plus en rapport avec les besoins qu'on lui signalait de tous côtés, elle s'empressa d'abandonner un système dont elle ne s'était jamais dissimulé les inconvénients. La Commission des monuments historiques, augmentée et réorganisée en 1840, dut s'occuper de désigner les édifices qui méritaient une restauration complète, d'en diriger les travaux et d'en suivre les progrès jusqu'à leur entier achèvement. Plusieurs années d'études comparatives l'avaient mise en état de faire ce choix avec discernement.

Développement de l'institution (1840).

Règles suivies par la Commission dans ses travaux.

Voici quelles furent les règles qu'elle se proposa et qu'elle a toujours suivies : pénétrée de l'insuffisance de ses moyens d'action, elle résolut de les concentrer sur les monuments qui offraient les modèles les plus complets de l'art dans ses différentes périodes, sur ceux qui résument en quelque sorte tous les caractères que la science distingue dans le style auquel ils appartiennent; mais le nombre en était encore hors de proportion avec les ressources. Non-seulement la France a des monuments remarquables de toutes les architectures qui ont obtenu la vogue de siècle en siècle, mais encore, et sous ce point de vue peu de pays lui peuvent être comparés, chacune de ses provinces possède des monuments empreints d'un caractère original et qui attestent l'existence simultanée d'écoles très-diverses. Ces monuments types composent dans leur ensemble comme une histoire suivie de l'art dans notre pays, et l'on sent tout le prix que l'on doit mettre à conserver sans lacune les souvenirs de cette histoire.

Il est inutile de remarquer que ces types sont fort inégalement distribués dans nos provinces. Dans celles du sud, il faut chercher les plus élégants modèles de l'architecture romane; aux départements du centre appartiennent presque exclusivement les chefs-d'œuvre de l'art gothique; c'est surtout aux bords de la Loire que se trouvent les plus riches constructions de la Renaissance.

D'un autre côté, tel monument, par sa position exceptionnelle, acquiert une importance considérable. C'est ainsi, par exemple, qu'une église à coupole, qui n'offrirait qu'un intérêt secondaire dans le Périgord ou l'Angoumois, doit exciter en Normandie une attention toute particulière. Dans le Languedoc, une église gothique est une exception curieuse et acquiert par sa position une tout autre importance qu'elle n'en aurait dans l'Île-de-France. En résumé, les monuments remarquables, à quelque titre que ce soit, ont été classés en première ligne par la Commission, et c'est en leur faveur qu'elle n'a cessé de solliciter des secours. A ces considérations purement archéologiques sont venues s'en joindre d'autres toutes matérielles, dont il était cependant nécessaire de tenir compte. Le degré d'urgence et la nature des réparations à exécuter, les ressources locales qui peuvent y subvenir, les sacrifices déjà faits, sont autant de motifs qui doivent exercer leur influence sur les décisions de l'administration centrale.

Personnel des architectes.

La Commission ne tarda pas à distinguer parmi nos architectes ceux que leur goût, leurs études, leur zèle reconnu désignaient pour diriger les grandes restaurations projetées. Elle s'empressa de les signaler au Gouvernement. Ils n'hésitèrent pas à répondre à son appel, et l'amour de l'art leur fit préférer une tâche souvent ingrate et pénible à des occupations plus lucratives.

Des études approfondies furent faites sur chacun des monuments désignés par la Commission, études longues et difficiles; car, tandis qu'on peut toujours soumettre à des calculs exacts une construction nouvelle, ce n'est qu'avec beaucoup d'incertitude et, pour ainsi dire, en tâtonnant qu'on parvient à connaître la situation d'un édifice miné par le temps et dont l'apparence extérieure cache souvent la ruine prochaine. Heureusement l'expérience est rapide pour les hommes d'un vrai talent, et l'administration se plaît à reconnaître que les devis qui lui ont été soumis, après avoir été revus et examinés par la Commission, n'ont que bien rarement dépassé les premières prévisions des architectes.

Insuffisance du fonds affecté à la conservation des monuments historiques.

Malheureusement le fonds des monuments historiques, malgré les augmentations successives qu'il a reçues, ne permet pas encore de conduire les travaux avec toute la rapidité qui serait désirable dans l'intérêt même d'une sage économie. Deux écueils sont à éviter : l'un, d'augmenter les dépenses par trop de lenteur et de compromettre même la bonne exécution des travaux; l'autre, d'engager toutes les ressources et de se trouver au dépourvu en présence d'accidents toujours à craindre.

En effet, qu'on ne s'y trompe point, nous sommes arrivés à une époque critique pour nos monuments. La plupart de ceux du moyen âge, et les plus considérables, ont cinq à six cents ans d'existence. Un bien petit nombre d'entre eux, depuis leur construction, a reçu des réparations efficaces; presque tous, au contraire, ont subi des altérations ou des mutilations graves. Quelques ruines déplorables sont des avertissements sur l'urgence des secours qu'ils réclament tous. Partout où l'on signale un danger réel, il faut les secours les plus prompts. Impossible, par conséquent, d'organiser méthodiquement quelques travaux en ajournant le reste; un édifice ébranlé n'attend pas son tour.

Entre les deux dangers, l'administration a dû suivre la marche la plus prudente. Si elle a jusqu'à présent réussi à faire face aux nécessités qui lui ont été signalées à l'improviste, elle ne se flatte point d'avoir donné aux restaurations qu'elle a prescrites toute l'activité qu'elle leur eût imprimée avec des ressources plus considérables. Que l'on compare la rapidité merveilleuse des travaux exécutés à l'aide de crédits spéciaux avec la lenteur des réparations qui se poursuivent au moyen des allocations du crédit ordinaire, on se convaincra facilement que le premier système est le plus avantageux, probablement le plus économique. Il y a des cas où il est le seul applicable.

Il arrive en effet que, sous peine d'une ruine inévitable, il faut porter en même temps des secours à toutes les parties d'un édifice. De la rapidité de l'exécution, c'est-à-dire, en dernière analyse, de la quotité de l'allocation dont on dispose, dépend le succès de l'entreprise. Que serait devenue la cathédrale de Paris si un crédit spécial n'eût permis d'en attaquer la restauration dans toutes ses parties à la fois? Souvent encore de semblables situations devront être exposées au Gouvernement et réclameront toute sa sollicitude.

Acquisition des monuments menacés de destruction et appartenant à des particuliers.

Outre les travaux de restauration, d'autres dépenses non moins nécessaires doivent être imputées sur le crédit des monuments historiques. Quelques édifices de premier ordre, aujourd'hui propriétés particulières, peuvent d'un moment à l'autre être détruits ou transformés; plus d'une fois la Commission a sollicité et obtenu au nom de l'État l'acquisition des plus remarquables. Ailleurs, en poursuivant l'expropriation de constructions parasites, elle a pour ainsi dire exhumé des monuments considérables, qu'elle a rendus à l'admiration publique.

En même temps qu'elle applique ses principaux efforts aux grandes restaurations dont il vient d'être parlé, l'administration continue à donner, mais avec une prudente réserve, quelques secours à des édifices moins importants, dignes cependant de son intérêt, et pour lesquels les départements ou les communes font des sacrifices qui doivent être encouragés. Elle maintient ainsi sa surveillance sur ces travaux. Cette même

Action de la Commission sur les monuments déjà classés.

surveillance s'excrce encore sur les monuments déjà classés, c'est-à-dire sur tous ceux que recommandent des caractères

Définition du classement.

intéressants pour l'histoire ou pour l'art. Déjà ce classement comprend près de deux mille articles, la plupart accompagnés de notices et de dessins. Quelques soins que la Commission ait apportés dans la rédaction de cette liste, elle ne peut se flatter encore de l'avoir complète. Elle est loin, surtout, d'avoir pu réunir, sur tous les monuments qui la composent, des renseignements également précis et détaillés. Néanmoins, grâce à des études continuelles, elle est parvenue à rassembler un nombre très-considérable de plans, de dessins et de devis; en sorte que, pour les principaux édifices placés sous sa surveillance, elle peut calculer exactement d'avance les dépenses qu'occasionnerait leur réparation et déterminer l'ordre à suivre dans les travaux, dès que l'on dis-

Répartition du crédit.

posera de fonds suffisants pour les commencer. Ces études préliminaires, auxquelles la Commission attache une très-juste importance, sont indispensables pour éclairer les décisions de l'administration et la mettre à même de répartir ses allocations de la manière la plus utile. Elles offrent encore le seul moyen de conserver des souvenirs précieux que le temps fait rapidement disparaître. Quiconque a parcouru nos provinces et observé le nombre vraiment prodigieux de monuments qu'elles renferment n'a pu se faire illusion sur la possibilité de les conserver tous. Suivant un relevé fait en 1843[1], quatre cent soixante-deux devis complets, soumis jusqu'alors à la Commission, formaient un total de près de 6 millions de francs. Et cette somme ne représentait que la dépense à laquelle était

[1] Rapport au ministre de l'intérieur.

évaluée la restauration de la sixième partie de nos monuments.

C'est donc la répartition des secours à proposer par la Commission qui constitue la partie la plus difficile de sa tâche. Aussi la première loi qu'elle a cru devoir s'imposer a-t-elle été de ne s'engager dans aucune entreprise sans connaître la durée et la dépense qui doit en résulter. Quelques personnes, s'exagérant singulièrement le montant des ressources dont on peut disposer, ignorant surtout la situation de nos monuments, ont exprimé la crainte que les subventions du Gouvernement ne s'appliquassent à un trop grand nombre d'édifices à la fois. Il eût mieux valu, disait-on, les concentrer sur quelques restaurations qu'on terminerait rapidement, pour reporter ensuite toutes ses ressources sur de nouveaux travaux. Sans doute, ce système est spécieux, et, s'il était possible dans la pratique, ce serait le seul à suivre. Mais d'abord on comprendra sans peine que des édifices ruinés par le temps, mutilés ou privés d'entretien depuis longues années, ne peuvent attendre leur tour. Le nombre en est grand de ceux que menace une ruine prochaine; et doit-on s'étonner si des monuments contemporains, soumis aux mêmes causes de destruction, éprouvent en même temps des besoins également impérieux? Il faut considérer encore que toute restauration a sa durée naturelle, plus ou moins longue, qui ne doit pas plus être précipitée que retardée au delà de certaines limites. Le nombre des ouvriers qui peuvent y prendre part est souvent borné, et, dans tous les cas, les travaux ne peuvent s'exécuter que successivement et selon un certain ordre. C'est d'après ces calculs de temps que la Commission s'applique à régler les allocations. Nul doute que, disposant de fonds plus considérables, il n'eût été possible de faire plus vite; mais l'insuffi-

Mode d'exécution des travaux.

sance du crédit attribué aux monuments historiques et l'urgence des besoins signalés de toutes parts font souvent de la lenteur une nécessité. Entre deux inconvénients la Commission a dû préférer le moindre. Plutôt que d'abandonner des monuments dont la perte eût été irréparable, elle a cru bien faire en restreignant les allocations et en les échelonnant de manière que les réparations s'opérassent par degrés. L'important était d'assurer leur exécution.

Il y a des réparations qui peuvent être exécutées par parties et avec une certaine lenteur; il y en a d'autres, au contraire, qui doivent être conduites avec rapidité et ensemble. Ainsi, par exemple, on peut concevoir que, pour restaurer une suite de chapelles, on commence par la plus endommagée, et que, successivement, on répare les autres; mais il n'en sera pas de même pour le remaniement d'une toiture. On ne peut couvrir la moitié d'une voûte dans une campagne et ajourner l'autre moitié à l'année suivante. La partie de voûte exposée à l'air serait ruinée avant le temps fixé pour la couvrir. Il y a donc certains travaux qu'on ne peut entreprendre qu'avec des ressources suffisantes pour les terminer. Aussi, c'est à l'appréciation de l'urgence des réparations, au calcul de leur durée et de la dépense qu'elles occasionneront, que la Commission s'est toujours appliquée avec le plus grand soin. Les allocations qu'elle propose sont strictement suffisantes aux travaux dont la nécessité lui est démontrée; et, si les allocations étaient réduites, elles deviendraient inutiles dans un grand nombre de cas, car elles ne pourraient plus payer les dépenses indispensables.

Du concours des localités dans la restauration des monuments.

Il est juste de dire que les inconvénients résultant de l'insuffisance du fonds des monuments historiques sont un peu diminués par les subventions que votent les communes et les départements. Ces subventions sont souvent réclamées par l'administration centrale comme une condition *sine qua nòn* aux secours qu'elle accorde, et il faut reconnaître que presque toutes les communes s'associent avec empressement à l'exécution des travaux dont elles comprennent l'importance. De là résulte, entre elles et le ministère, des espèces de contrats à termes plus ou moins longs, dont la dissolution aurait pour inévitable conséquence la fermeture des ateliers, car ils ne fonctionnent aujourd'hui que grâce au concours de l'administration centrale et des administrations communales.

Aucun des grands travaux exécutés jusqu'à ce jour n'ont pu l'être qu'au moyen de ces engagements. Ils ont permis de trouver des entrepreneurs se chargeant de faire les avances nécessaires, en considération de l'importance même de ces travaux. C'est ainsi qu'ont été faites les réparations de Vézelay, de Saint-Nazaire de Carcassonne, de Saint-Julien de Tours et d'autres grands édifices.

Des monuments qui ne peuvent être conservés.

Mais on ne peut se dissimuler, quelles que soient les ressources de l'administration, que plusieurs édifices intéressants sont aujourd'hui dans une situation telle que l'art est impuissant à les réparer. On doit, au moins, en conserver un souvenir fidèle par un travail graphique aussi complet que possible.

Des archives graphiques.

Il y a encore des monuments qui, par leur nature même, ne peuvent échapper à une destruction rapide. Nous voulons parler des peintures murales, autrefois si nombreuses dans nos églises, rares aujourd'hui et d'autant plus précieuses. Ni le soin ni la dépense n'en peuvent prolonger beaucoup la durée. Chaque jour leurs couleurs s'altèrent ou s'effacent. Il fallait se hâter d'en obtenir des copies exactes, et des artistes habiles ont été chargés de cette tâche importante. On a jugé également nécessaire de faire relever et dessiner un certain nombre de maisons anciennes, curieuses par leur architecture, qui, soumises à tous les caprices de leurs propriétaires, n'ont nécessairement qu'une durée fort incertaine.

Publication des archives de la Commission.

Ces plans, ces dessins, rassemblés par la Commission, ne doivent pas seulement servir à éclairer ses délibérations intérieures; les artistes et les archéologues en réclamaient la publication. Car, si l'on considère qu'il n'existe encore nul établissement où l'on enseigne la théorie d'une architecture dont chaque jour la connaissance est exigée, non-seulement pour des réparations importantes, mais encore pour des constructions nouvelles, on comprendra facilement l'importance de la publication des archives de la Commission, destinée à combler une lacune si regrettable dans les moyens d'étudier l'art national à toutes ses époques.

CIRCULAIRES.

Paris, le 16 novembre 1832.

Monsieur le Préfet, à différentes époques, les ministres du culte ont fait faire des réparations et des changements dans les églises et autres édifices consacrés. Sans prendre l'avis des autorités chargées de veiller à la conservation des monuments historiques, des églises ont été grattées, de vieilles peintures badigeonnées, des objets d'un curieux travail, pour la ciselure ou la serrurerie, ont été enlevés et remplacés par d'autres d'un travail moderne en désaccord avec le style général du monument où ils sont employés. Si un semblable abus était continué, la conservation des plus importants de nos monuments historiques serait gravement compromise et serait subordonnée ou aux besoins ou aux fantaisies des ministres du culte.

Interdiction d'exécuter des travaux sans autorisation dans les monuments historiques.

Je vous invite, en conséquence, Monsieur le Préfet, à refuser votre autorisation à tous les changements et à toutes les opérations importantes qui seraient demandées par les curés pour des édifices consacrés au culte appartenant à votre département, si ces demandes ne sont pas approuvées par M. l'inspecteur général des monuments historiques, ou, à son défaut, par une commission composée d'architectes et d'artistes ou d'antiquaires dont vous ferez choix.

Demande de renseignements sur les monuments.

Je vous invite également à me faire connaître la situation des principales églises de votre département, sous le rapport de l'art. Je désirerais, par exemple, savoir si elles possèdent des tableaux ou statues anciens ou modernes, des vitraux, des vases antiques, des tombeaux, etc.

J'examinerai avec attention toutes les observations que vous m'adresserez et qui intéresseraient la conservation des monuments.

Paris, le 10 août 1837.

Monsieur le Préfet, le culte des souvenirs qui se rattachent à l'histoire des arts ou aux annales du pays est malheureusement trop négligé dans les départements; on laisse en oubli des monuments précieux; on passe avec indifférence devant des vestiges qui attestent la grandeur des peuples de l'antiquité; on cherche en vain les murs qui ont vu naître les grands hommes dont s'honore la patrie ou les tombes qui ont recueilli leurs restes; et cependant tous ces souvenirs, tous ces débris vivants des temps qui ne sont plus, font partie du patrimoine national et du trésor intellectuel de la France.... Il importe de mettre un terme à cette insouciance. Le Gouvernement et les Chambres viennent de donner à cet égard une nouvelle preuve de leur sollicitude : le fonds destiné aux monuments historiques a été augmenté; mais ce fonds ne peut être considéré que comme un encouragement au *zèle des communes et des départements;* ils doivent comprendre que la conservation des anciens monuments les intéresse autant qu'elle les honore, en offrant un attrait de plus aux méditations de l'historien ou à la curiosité du voyageur.

Concours des communes et des départements pour la restauration.

Je vous invite donc, Monsieur le Préfet, à recueillir tous les documents propres à me faire connaître les anciens monuments qui existent dans votre département, l'époque de leur fondation, le caractère de leur architecture et les souvenirs historiques qui s'y rapportent. Vous les classerez dans leur ordre d'importance et vous indiquerez les sommes qui seraient nécessaires pour les conserver ou remettre en bon état, sans oublier que les secours que je puis donner ne sont qu'une prime au généreux empressement du conseil général et des conseils municipaux.

Nature du concours apporté par le Gouvernement pour la conservation des monuments historiques.

Commission des monuments historiques.

Le fruit de vos recherches sera soumis à une Commisssion que je viens d'instituer, et je me ferai un plaisir de diriger les fonds dont je puis disposer vers les départements qui ont le mieux apprécié l'importance de ce travail. J'espère que votre réponse pourra me parvenir dans l'espace d'un mois à dater de la réception de ma lettre.

Paris, le 30 décembre 1837.

Monsieur le Préfet, par une circulaire du 10 août dernier, je vous ai demandé des renseignements sur les anciens monuments qui peuvent être dans votre département, afin de les comprendre, s'il y a lieu, dans le travail général que j'ai chargé une Commission spéciale de préparer avant de procéder à la répartition du crédit ouvert à l'exercice 1838, pour être affecté, concurremment avec les ressources dont les administrations communales et départementales peuvent disposer, à la réparation de ceux de ces monuments qui présentent le plus d'intérêt sous le double rapport de l'art et de l'histoire.

Vous aurez sans doute perdu de vue l'objet de ma circulaire, car elle est demeurée sans réponse.

Je vous en adresse un nouvel exemplaire et vous invite à répondre, dans le moindre délai possible aux diverses questions qu'elle renferme, attendu que la Commission se réunira dans les premiers jours de l'année prochaine, et qu'il importe qu'elle ait sous les yeux les documents que l'on aura pu réunir pour classer chaque monument selon le degré d'intérêt qu'il présente, et le faire participer à la répartition du crédit mis à ma disposition pour coopérer à la conservation des anciens monuments.

Paris, le 13 mars 1838.

Travaux de fouilles.

Recherches d'antiquités.

Monsieur le Préfet, dans toutes nos provinces, on a constaté l'existence de ruines ou de substructions, indices d'établissements antiques plus ou moins considérables, dont l'exploration est demandée par tous les amis des arts. Désirant encourager ces recherches autant que le permettent les ressources limitées de l'administration que je dirige, je vous invite à me transmettre tous les renseignements qui vous parviendront sur les localités de votre département où l'on aurait reconnu des ruines antiques. Vos rapports seront examinés par la Commission des monuments historiques, et, d'après son avis, je mettrai à votre disposition une allocation pour faire exécuter les fouilles qui seront jugées nécessaires.

En m'envoyant ces renseignements, il est important d'y joindre un aperçu de la dépense et un précis du plan proposé pour l'exécution des travaux. Vous voudrez bien encore m'informer si, dans ces recherches, vous avez le concours de personnes en état de les diriger convenablement.

Je n'ai pas besoin, Monsieur le Préfet, de vous recommander de n'accueillir qu'avec une certaine réserve les rapports qui vous seraient adressés. Le fonds sur lequel j'accorde des allocations est, je le répète, très-borné, et je tiens à l'employer de la manière la plus utile pour la science. Vous savez qu'une fouille est toujours une opération incertaine; on ne doit l'autoriser que sur la grande probabilité d'un résultat avantageux. Il est donc bien nécessaire de faire précéder toute entreprise de ce genre d'une enquête approfondie, qui fasse connaître approximativement l'importance de l'établissement qu'il s'agit d'explorer.

Les mêmes mesures de prudence et d'économie doivent présider à l'exécution des travaux. Ainsi, l'on doit bien se garder d'ouvrir les tranchées au hasard, comme il n'arrive que trop souvent. On doit, au contraire, étudier le terrain avec attention et commencer toujours par attaquer les substructions apparentes les plus considérables. En les suivant jusqu'au niveau du sol antique, on les déchaussera de manière à reconnaître le périmètre complet de l'édifice. La forme et le caractère d'un seul bâtiment peuvent fournir des indices précieux pour la continuation des recherches. Au surplus, les observations précédentes ne contiennent que des règles générales, et la direction des travaux devra toujours être subordonnée aux circonstances particulières des localités. Je me bornerai donc à vous recommander un choix judicieux des personnes que vous chargerez des explorations. Non-seulement elles devront y apporter des connaissances spéciales, mais encore une surveillance de tous les instants, car la négligence ou l'infidélité des ouvriers n'a pas de résultats moins fâcheux que n'en aurait l'ignorance de leurs guides. Je vous prierai de me signaler les architectes ou les antiquaires qui auront dirigé les travaux. Vous les inviterez à se mettre en communication avec la Commission des monuments historiques. Autant qu'il me sera possible, je m'efforcerai de reconnaître leur zèle et leurs bons offices.

On devra toujours rédiger un procès-verbal détaillé des fouilles, et vous voudrez bien m'en adresser copie. Il est également essentiel d'en dresser le plan, surtout lorsqu'elles doivent être comblées.

Quant aux objets recueillis, la meilleure destination qu'on puisse leur donner, c'est de les placer dans les collections publiques des villes les plus voisines. Si ces villes n'avaient ni musée ni bibliothèque, si leurs autorités ne prenaient aucune mesure pour assurer la conservation de ces objets, c'est au chef-lieu du département qu'il conviendrait alors de les déposer. Ils seront toujours bien placés là où ils pourront facilement être consultés par les savants et les artistes.

Jusqu'à présent l'administration centrale a réclamé les fragments antiques découverts dans les fouilles dont elle a fait les frais. Je désire qu'à l'avenir ils restent dans les départements d'où ils proviennent, pour y former comme des archives de l'histoire locale et pour y répandre le goût des arts. Si cependant quelques objets d'une importance extraordinaire étaient découverts dans ces explorations, par une exception dont les arts n'auraient qu'à s'applaudir, je réclamerai leur dépôt dans les grandes collections de la capitale; car c'est là seulement qu'ils peuvent être d'une véritable utilité. De telles raretés intéressent tous les savants et ne peuvent être mieux placées que dans les musées de Paris, qui sont de grands centres d'étude. Dans un tel cas, qui d'ailleurs ne doit pas se présenter fréquemment, j'aurai toujours soin de donner à la ville, dans le territoire de laquelle la découverte aura été faite un moulage de l'objet envoyé à Paris.

Le dépôt dans les musées ou les bibliothèques des départements doit encore souffrir une exception; lorsque les fragments antiques ont fait partie d'un grand monument encore debout, il est essentiel qu'ils n'en soient jamais séparés. Trop souvent des particuliers ou les administrateurs des collections publiques achètent des inscriptions, des bas-reliefs ou des débris d'architecture enlevés à de grands édifices antiques. Non-seulement leur éloignement rend une restauration impossible, mais encore l'origine de ces fragments ainsi divisés s'oublie vite, et ils sont à peu près perdus pour les savants. Plusieurs grands monuments antiques ont été ainsi cruellement mutilés, sans que la science ait en rien profité de leurs dépouilles. Je vous invite, Monsieur le Préfet, à vous opposer à toute transaction qui tendrait à disperser ainsi les parties d'un même ensemble, et les communes qui s'y prêteraient seraient de ce moment déchues de tout droit à des subventions nouvelles.

Les collections d'antiques déjà formées, ou qui viendraient à s'établir, ne peuvent être vraiment utiles qu'autant qu'elles seront tenues dans un ordre convenable. Il importe que tous les objets qu'elles renferment soient décrits dans un catalogue. Vous donnerez des ordres pour que l'on y tienne note de l'origine de chaque objet, ainsi que de l'époque et des circonstances particulières de sa découverte. Il est bon d'y inscrire également les noms des donataires et de la personne qui aura fourni des fonds pour les fouilles.

Je désire avoir une copie de ces catalogues. Leur réunion formera un inventaire complet de nos richesses archéologiques, et leur comparaison pourra donner lieu à des échanges avantageux entre les différents musées. Vous me ferez connaître les antiques que l'on voudrait échanger, et je prendrai soin que ces propositions soient transmises à des établissements qui pourraient les accueillir.

En vous conformant à ces instructions, Monsieur le Préfet, vous seconderez puissamment les efforts de la Commission des monuments, et vous la mettrez à même d'exercer un patronage éclairé dont l'influence se manifestera, je l'espère, en répandant dans nos provinces le goût des arts et des études historiques.

Paris, le 29 décembre 1838.

Monsieur le Préfet, les demandes que j'ai adressées à MM. les préfets sur l'état actuel des monuments remarquables par leur architecture ou par les souvenirs qui s'y rattachent, et l'intérêt qu'inspirent généralement les questions d'archéologie, ont produit une louable émulation dans les départements; de nombreux mémoires me sont envoyés tous les jours.

Mais, M. le ministre de l'instruction publique ayant réclamé de son côté des renseignements sur nos anciens monuments, il est résulté de ce concours une certaine incertitude sur la nature des communications demandées par chaque ministère.

Distinction à faire entre les renseignements demandés par différentes administrations sur les monuments.

Pour faire cesser cette incertitude, je crois devoir vous rappeler, Monsieur le Préfet, que tout ce qui touche à la réparation et à la conservation des anciens édifices, tout ce qui concerne les fouilles et les découvertes de monuments antiques et du moyen âge doit m'être communiqué directement, afin que je puisse, s'il y a lieu, accorder des subventions sur le fonds annuel mis à ma disposition par le budget pour les dépenses relatives à la conservation des anciens monuments.

Paris, le 11 mai 1839.

Monsieur le Préfet, voulant compléter et régulariser l'organisation des correspondants de mon ministère pour la conservation de nos antiquités nationales, je vous prie de me désigner les personnes, résidant dans votre département, qui désireraient obtenir ce titre et qui pourraient en remplir utilement les fonctions. Elles consistent surtout à surveiller les travaux de restauration des édifices antiques et du moyen âge, à signaler les découvertes qui intéressent l'archéologie, à prévenir les actes de vandalisme qui compromettraient l'existence de nos monuments. Dans ce but, les correspondants seraient invités à transmettre leurs communications, sous mon couvert, à l'inspecteur général, secrétaire de la Commission des monuments historiques[1]. Je n'ai pas besoin de vous faire remarquer, Monsieur le Préfet, que leurs fonctions se distinguent suffisamment de celles des correspondants nommés par le ministre de l'instruction publique : ceux-ci sont plus particulièrement chargés de recherches historiques et descriptives, tandis que la conservation de nos édifices remarquables doit être le but spécial des correspondants du ministre de l'intérieur.

Service des correspondants.

Leurs attributions.

Outre du zèle et de l'instruction, il est fort à désirer que les personnes que vous me désignerez aient quelque habitude du dessin, toute description écrite, quelque minutieuse qu'elle soit, ne pouvant jamais faire bien connaître un monument, si elle n'est complétée par des plans, ou du moins des croquis exécutés avec intelligence.

Sous ce rapport, les architectes paraissent devoir être les plus utiles. Je crois, cependant, que les études d'un grand nombre d'entre eux ne les rendent pas toujours les juges les plus sûrs dans l'appréciation des monuments du moyen âge : intéressés d'ailleurs dans les réparations qu'ils exécutent à ces monuments, il est bon que leurs travaux soient contrôlés. Autant que possible, je désire donc que vous me désigniez non-seulement les plus instruits de ces artistes, mais encore un antiquaire, dont les lumières m'éclaireraient, au besoin, sous le point de vue de la science archéologique.

Il est inutile de vous rappeler, Monsieur le Préfet, que les fonctions des correspondants sont gratuites : toutefois, si, comme j'ai lieu de l'espérer, l'état des fonds attribués aux monuments historiques me le permet, j'accorderai quelquefois des indemnités aux correspondants qui auraient entrepris des excursions spéciales par mes ordres. Dans quelques mois, je pourrai encore reconnaître d'une autre manière le zèle de ces agents. Une médaille que grave en ce moment un de nos plus habiles artistes sera décernée aux personnes qui se seront fait remarquer par leur zèle à conserver nos monuments nationaux.

Je vous invite encore, Monsieur le Préfet, à me signaler les sociétés savantes de votre département qui s'occupent d'archéologie, et à me faire connaître le nom des membres qui les composent, ainsi que les ressources que l'administra-

[1] Ces communications aujourd'hui sont adressées directement au ministre; elles sont mises sous les yeux de la Commission par les soins du secrétaire, chef de bureau.

tion peut trouver auprès d'elles, lorsqu'il s'agira de décider des questions d'art, telles qu'il s'en présente dans des travaux de restauration.

Lorsque j'aurai reçu les renseignements que j'attends de vous, je m'empresserai de vous informer des choix que j'aurai faits, et de vous autoriser à fixer la position des correspondants de mon ministère dans votre département.

Paris, le 19 février 1841.

Monsieur le Préfet, les affaires relatives à la conservation des monuments historiques subissent nécessairement des retards, lorsqu'elles ne sont point transmises avec toutes les pièces nécessaires pour les instruire convenablement; je dois donc vous rappeler de quelle manière vous devez procéder lorsque vous aurez à m'entretenir de la restauration ou de la réparation d'édifices anciens et remarquables par leur architecture.

Examen des affaires qui concernent les monuments historiques; attributions de la Commission des monuments historiques.

Toutes les demandes de secours, tous les projets de travaux à exécuter, qui concernent les monuments historiques, doivent être adressés au ministère de l'intérieur.

Là, ils sont d'abord examinés par une Commission spéciale, attachée à mon département, et aucune décision n'est rendue que sur son rapport. Cette Commission est la seule qui puisse être utilement saisie des affaires relatives à la conservation de ces monuments, et je vous invite à ne pas la confondre avec d'autres commissions ou comités qui s'occupent de recherches archéologiques et qui n'ont aucune relation directe avec le ministre de l'intérieur.

Pièces à envoyer à l'appui des demandes de subvention. Études préparatoires.

Pour qu'une affaire puisse être mise utilement sous les yeux de la Commission des monuments historiques, il est nécessaire de m'adresser les pièces suivantes :

1° Un exposé des besoins du monument et de son état actuel;

2° Une notice historique et une description;

3° Des plans, coupes, dessins, ou du moins des croquis et un plan avec des mesures;

4° Un devis rédigé par un architecte, aussi détaillé que possible, des travaux projetés.

Ces travaux seront divisés en trois catégories :

La première comprend les travaux très-urgents, qui ont pour objet la consolidation immédiate de l'édifice;

La seconde, les travaux moins urgents qui concernent la conservation;

La troisième, ceux qui peuvent toujours être différés et qui doivent en compléter la restauration. On devra enfin indiquer dans le même devis les dépenses qui ne peuvent être divisées en raison de la nature des travaux ou de toutes autres circonstances.

Lorsque les architectes des départements auront besoin de leurs plans et devis pour mettre les travaux en voie d'exécution, ils enverront au ministère les copies des devis et calques des plans qui resteront dans les dossiers, pour être consultés par les membres de la Commission et servir de base à la correspondance.

Indemnités pour la rédaction des études préparatoires.

Quelquefois, peut-être, il serait difficile de faire exécuter les plans et dessins que je demande; mais, outre que la Commission n'exige point un travail graphique très-soigné, vous devrez demander au conseil général des allocations spéciales pour indemniser l'architecte de votre département que vous chargerez de ces études préparatoires; vous lui adjoindrez, autant que possible, le correspondant de mon ministère, l'inspecteur des monuments historiques de votre département.

Architectes chargés des travaux de restauration.

Au reste, ces indemnités, qui ne doivent jamais être considérables, ne pourront être réclamées par l'architecte lorsqu'il sera chargé d'exécuter lui-même les projets qu'il a rédigés. Quelquefois, en raison de l'importance et des difficultés d'une restauration, je serai obligé d'en charger un architecte étranger à votre département; je ne le ferai qu'en cas de nécessité, lorsque, par leur nature, les travaux exigeront une expérience consommée et des études spéciales. Vous voudrez bien me prévenir vous-même toutes les fois que vous jugerez nécessaire le concours d'un architecte étranger à votre département.

Édifices qui peuvent recevoir des secours du ministère de l'intérieur.

Vous n'ignorez pas, Monsieur le Préfet, que les secours dont je dispose ne peuvent être accordés qu'à des édifices qui offrent un intérêt réel sous le rapport de l'art, et s'appliquer qu'à des travaux de conservation ou de réparation. Bien qu'un très-grand nombre d'édifices religieux soient classés parmi les monuments historiques, je n'ai pas besoin de vous faire remarquer que c'est uniquement en raison de leur architecture ou des souvenirs qu'ils rappellent, qu'ils ont droit aux secours de mon département. Quant aux travaux d'agrandissement ou d'appropriation, utiles dans tout autre intérêt que celui de l'art, vous ne devez pas négliger de m'en entretenir, lorsqu'ils altéreraient d'une manière fâcheuse la disposition primitive ou le caractère monumental d'un édifice.

Emploi des subventions.

En recevant l'avis d'une allocation de mon ministère, vous serez toujours informé de l'emploi précis qu'elle doit recevoir, et, si cette destination était changée, la dépense demeurerait à la charge des autorités qui auraient favorisé ou toléré cet abus. Je vous engage à recommander ce point à la sérieuse attention de MM. les maires.

Alignements.

Lorsque des conseils municipaux auront à s'occuper de projets d'alignement, vous devez leur recommander de subordonner ces projets aux monuments existant dans les communes; vous pourrez également les exhorter à profiter de cette occasion pour débarrasser les édifices remarquables des constructions modernes qui trop souvent en obstruent les abords et en compromettent la conservation.

Classement des monuments sur la liste publiée par la Commission.

Souvent les autorités locales paraissent croire que les édifices inscrits dans le catalogue publié par la Commission des monuments historiques doivent être entretenus par le ministre de l'intérieur; vous devez, s'il y a lieu, rectifier cette opinion erronée, et rappeler que c'est aux communes et aux départements qu'il appartient surtout de veiller à la conservation des édifices remarquables qu'ils possèdent. Le Gouvernement ne peut que leur venir en aide dans les sacrifices qu'ils s'empresseraient de faire à cet effet, mais il ne peut ni ne doit prendre à sa charge aucune dépense d'entretien à proprement parler. Le classement sur la liste de la Commission constate seulement qu'un édifice est intéressant par son architecture; il est signalé à l'attention des conseils communaux et départementaux; mais, en le désignant comme un monument, le ministre de l'intérieur ne s'engage nullement à donner des fonds pour le restaurer, obligé par la faiblesse des ressources dont il dispose à faire un choix très-restreint parmi le grand nombre de monuments classés. Je considérerai toujours comme un titre à ma sollicitude les sacrifices qui auraient été consentis par les communes ou par les départements. A cet effet, je vous prie de me faire toujours connaître les dépenses qu'ils auraient déjà faites et celles qu'ils seraient disposés à souscrire.

Ordonnancement des allocations.

Je dois encore appeler votre attention sur le mode d'ordonnancement des allocations accordées par mon département. Cet ordonnancement n'a lieu qu'après la réception des travaux en bonne forme. Préalablement, une lettre d'avis vous fera connaître le montant de la subvention et le crédit sur lequel elle est imputée. Vous devez donc prendre soin que l'emploi en soit fait en temps utile, c'est-à-dire dans l'année même où l'allocation est accordée et nécessairement dans l'exercice mentionné par la lettre d'avis.

Paris, le 18 septembre 1841.

Monsieur le Préfet, le fonds destiné à la conservation des monuments historiques vient d'être augmenté, pour l'année 1842, d'une somme de 200,000 francs. Cette marque de l'intérêt des Chambres pour nos antiquités nationales engagera, je l'espère, les conseils généraux à seconder les efforts de l'administration, qui seule serait impuissante à satisfaire aux nombreux besoins de nos monuments.

Demande du concours des conseils généraux pour la restauration des monuments historiques.

En invitant le conseil général de votre département à s'occuper de la situation des édifices remarquables qui exigent des réparations, vous voudrez bien lui rappeler que le ministre de l'intérieur ne peut seul prendre à sa charge les dépenses qu'elles doivent occasionner. Vous lui ferez remarquer que l'augmentation

Nécessité de ce concours et de celui des conseils municipaux.

des fonds des monuments historiques n'ajoute rien, en réalité, aux ressources dont je puis disposer; car, par suite de la discussion à laquelle l'amendement proposé par M. le comte de Sade a donné lieu, cette augmentation devra s'appliquer entièrement à quelques grands édifices, dont la restauration eût été trop coûteuse pour qu'il fût possible de l'entreprendre avec le crédit des années précédentes. Enfin, Monsieur le Préfet, vous pouvez assurer le conseil général et les autorités communales de votre département que l'un des premiers titres aux secours du Gouvernement sera la libéralité avec laquelle les administrations locales contribueront à la conservation des monuments qu'elles possèdent.

Rappel de la circulaire du 19 février. Les pièces envoyées pour l'instruction des affaires ne doivent être que des copies, des doubles ou calques.

Je vous rappelle, en même temps, les prescriptions de ma circulaire du 19 février dernier, relativement aux pièces dont vous devez accompagner les demandes de secours. Ces pièces devant rester dans les archives de la Commission des monuments historiques, il convient que vous ne m'adressiez que les copies des devis et notices et les doubles ou calques des plans et dessins. C'est le seul moyen d'assurer aux travaux que réclament les monuments historiques toute l'activité désirable, et de ne pas perdre, en demandes de renseignements et en renvois de pièces, le temps des campagnes annuelles, si court et souvent si précieux.

Paris, le 1er octobre 1841.

Monsieur le Préfet, je vous adresse la liste des monuments historiques qui ont été provisoirement classés dans le département d

par la Commission attachée au ministère de l'intérieur pour délibérer sur toutes les affaires qui dépendent de ce service.

Rectification du classement des monuments historiques.

Veuillez vous entendre avec les correspondants du ministère de l'intérieur, les sociétés savantes et les architectes du département, pour y proposer les rectifications et les additions que vous jugerez convenables. Ces modifications devront être accompagnées des pièces réclamées par ma circulaire du 19 février dernier. Elles seront examinées par la Commission, et, sur son avis, j'arrêterai définitivement une liste à laquelle ne pourront être ajoutés que des édifices dont l'intérêt jusqu'alors méconnu me serait signalé par la suite.

Conservation des monuments historiques appartenant aux communes ou à des particuliers.

Veuillez, en outre, dès à présent, faire savoir aux maires des communes dans lesquelles se trouvent des monuments historiques, que ces monuments ne peuvent subir aucune modification sans que le projet m'en ait été adressé et ait reçu mon approbation. Si les édifices appartiennent aux communes, il importe qu'ils ne puissent être restaurés, vendus ou démolis que sur mon autorisation; s'ils appartiennent à des particuliers, vous devez être informé, quand les propriétaires seront dans l'intention de les restaurer, de les vendre ou de les démolir, et m'en prévenir en temps utile pour que l'État puisse s'en rendre acquéreur, quand la situation du crédit le permettra. Si les prétentions des propriétaires étaient exagérées, il y aurait lieu de recourir aux dispositions de la loi sur l'expropriation pour cause d'utilité publique.

Renseignements à donner chaque année sur les monuments.

Il convient aussi que je sois informé annuellement de l'état de ces monuments, des travaux nécessaires pour leur consolidation et leur restauration complète, ainsi que des ressources locales dont vous pouvez disposer à cet effet. Veuillez, en conséquence, me renvoyer le tableau ci-joint avant la fin de novembre, après en avoir fait prendre copie, remplir les dernières colonnes, et ajouter vos observations sur les modifications et additions que vous croyez pouvoir y proposer. Les édifices diocésains ne sont compris que pour mémoire sur cette liste, un crédit spécial étant affecté pour leur entretien au budget du ministère des cultes.

Paris, le 16 décembre 1842.

Le moulage des sculptures doit être interdit dans les monuments historiques.

Monsieur le Préfet, je suis informé que quelques sculptures intéressantes, dans des édifices classés parmi les monuments historiques, ont subi des mutilations fâcheuses, par suite de la maladresse avec laquelle on a essayé d'en prendre des moules ou des empreintes. Une semblable opération, toujours délicate, devient souvent impossible en raison de la finesse des sculptures, de leur fragilité ou de leur mauvais état de conservation. Peu d'artistes, d'ailleurs, sont assez adroits pour prendre ces moules ou ces empreintes sans endommager plus ou moins, même dans les circonstances les plus favorables, les sculptures dont ils veulent obtenir la reproduction.

Il est urgent d'empêcher le renouvellement de pareilles mutilations, et je vous invite, en conséquence, Monsieur le Préfet, à donner des ordres précis pour interdire le moulage ou l'estampage dans les monuments subventionnés par mon département.

Exceptions à faire dans l'application de la règle.

Lorsque vous croirez qu'il y a lieu de faire une exception à cette défense générale, vous voudrez bien m'en prévenir d'avance, m'indiquer les sculptures qu'il s'agit de mouler, et me faire connaître les motifs qui vous paraissent mériter une autorisation spéciale.

Il est bien entendu que cette autorisation devra toujours être refusée à des spéculations commerciales, et qu'elle ne sera accordée qu'à des artistes qui donneront toutes les garanties désirables de leur adresse et de leur expérience.

Je me concerte avec mon collègue, M. le Ministre des cultes, pour que, de son côté, il prenne des mesures semblables à l'égard des monuments qui ressortissent à son administration.

Paris, le 31 octobre 1845.

Rappel des circulaires des 19 févr. et 1er oct. 1841.

Monsieur le Préfet, je vous ai fait connaître, par ma circulaire du 19 février 1841, § II, quelles étaient les pièces qui devaient m'être envoyées à l'appui des demandes de subvention sur le crédit des monuments historiques. Par une circulaire, en date du 1er octobre suivant, je vous ai rappelé, § III, que ces pièces devant rester dans les archives de la Commission des monuments historiques, il convenait que vous gardassiez *des copies des devis et notices et des doubles ou calques des plans et dessins dont vous m'adresserez les originaux.*

Je ne saurais trop vous recommander ces prescriptions, qui sont souvent oubliées; car c'est le seul moyen d'assurer aux travaux que réclament les monuments historiques toute l'activité désirable, et de ne pas perdre en demandes de renseignements et en renvois de pièces le temps des campagnes annuelles, si court et souvent si précieux; toute demande, d'ailleurs, qui aurait pour but un renvoi de pièces, ne pourra être accueillie.

Ordonnancement des subventions. Pièce à envoyer à l'appui des demandes.

Il est un autre point, Monsieur le Préfet, sur lequel je dois également appeler votre attention. Lorsque les devis que vous m'avez soumis ont été approuvés en tout ou en partie, et que des allocations ont été accordées pour leur exécution sur le crédit dont je dispose, il est indispensable que vous fassiez accompagner les demandes d'ordonnancement d'un état régulier et détaillé des dépenses, afin que je puisse contrôler la nature de ces dépenses et les comparer aux articles du devis approuvé dont j'ai voulu assurer l'exécution.

Je dois donc vous avertir que vous ne devrez pas vous contenter de m'envoyer un simple certificat constatant soit l'achèvement, soit l'avancement des travaux; car je le considérerais comme insuffisant et il ne serait donné aucune suite à votre demande, si ce n'est dans les cas exceptionnels qui resteront soumis à mon appréciation.

Renseignements à fournir après la clôture de chaque exercice.

Enfin, Monsieur le Préfet, les articles 258 de l'ordonnance du 31 mai 1838 et 166 du règlement sur la comptabilité de mon ministère vous prescrivent de m'adresser (division de la comptabilité centrale), après la clôture de chaque exercice, un relevé général et définitif des fonds qui ont été mis à votre disposition sur l'exercice expiré. Cette mesure a pour but de constater les sommes restées sans emploi sur les ordonnances de délégation délivrées en votre nom, pour les services de votre département. Le bordereau qui m'est envoyé à cet effet contient un total des fonds libres sur chaque chapitre du budget.

Ce mode de procéder ne satisfait pas complétement aux besoins du service des monuments historiques. En effet, vous n'ignorez pas, Monsieur le Préfet, que chaque allocation sur le chapitre XIII (monuments historiques) est spéciale, qu'elle ne peut s'appliquer qu'à l'édifice qui en a été l'objet, et qu'elle est destinée presque toujours à pourvoir à l'exécution de travaux indispensables.

Or, en vous bornant à me faire connaître qu'il existe un fonds libre sur ce chapitre, sans me donner aucun détail, j'ignore s'il a été pourvu à tous les besoins et si cette somme n'est qu'un excédant de ressources dont je puis disposer, ou bien si, tous les droits au profit des créanciers de l'État n'ayant pu être constatés en temps utile, je dois conserver à ces fonds leur destination première. Je n'ai pas besoin d'insister pour vous faire comprendre l'utilité de renseignements à cet égard.

Il convient donc que chaque année, indépendamment de l'état général et définitif, vous m'adressiez (division des beaux-arts, bureau des monuments historiques), dans la première quinzaine de novembre, un bordereau spécial conforme au modèle ci-joint.

Rappel des conséquences du classement d'un édifice.

Après vous avoir entretenu des pièces qui doivent m'être adressées pour l'instruction des affaires, pour l'ordonnancement des allocations et pour la liquidation des comptes de chaque exercice, je ne dois pas terminer sans vous rappeler les conséquences qu'entraîne le classement d'un édifice parmi les monuments historiques.

En principe, il ne peut y être fait aucune réparation sans mon autorisation. En conséquence, ainsi que je vous l'ai déjà fait connaître par mes circulaires du 19 février, § IV, et du 18 septembre, § II (année 1841), vous ne devez autoriser, sans m'en avoir entretenu, aucuns travaux d'agrandissement, aucunes modifications, même utiles dans tout autre intérêt que celui de l'art, lorsque ces travaux et ces modifications seraient de nature à altérer la disposition primitive ou le caractère monumental d'un édifice.

Vous devrez donc, dans le plus bref délai, m'adresser les projets ayant trait aux modifications dont il est parlé ci-dessus, et en outre, lorque des travaux approuvés seront en cours d'exécution, s'il se présentait des modifications au devis adopté ou des suppléments de dépenses qui n'auraient pas été prévus, vous les porterez à ma connaissance avec la même diligence.

Veuillez, Monsieur le Préfet, m'accuser réception de cette circulaire et donner des ordres pour son exécution rigoureuse.

(*Voir le modèle d'autre part.*)

MINISTÈRE
DE L'INTÉRIEUR.

DIVISION DES BEAUX-ARTS.

BUREAU
des
MONUMENTS HISTORIQUES.

Comptabilité.

Département d

EXERCICE 18 .

SITUATION DÉFINITIVE AU 31 [1] OCTOBRE 18 .

Bordereau portant déclaration des sommes sans emploi sur les ordonnances de délégation délivrées au nom du préfet pour le service des monuments historiques de son département.

NOMS DES MONUMENTS pour lesquels des subventions ont été accordées.	MONTANT de chaque ALLOCATION.	MONTANT de chaque ORDONNANCE de délégation.	MONTANT DES LIQUIDATIONS définitivement reconnues et arrêtées pour chaque monument jusqu'au 30 septembre 18 .	MONTANT DES MANDATS.		SOMMES NON PAYÉES.		NOMS des CRÉANCIERS.	OBSERVATIONS.
				Acquittés par le payeur.	Non présentés au payeur.	A annuler par le trésor.	A porter au compte de l'exercice clos.		

Certifié véritable la présente situation définitive.
A le novembre 18 .
Le Préfet du département d

Paris, le 31 décembre 1846.

Travaux de fouilles.

Promesse de subvention sur le crédit de quatre millions ouvert pour création de travaux extraordinaires à l'effet d'occuper les indigents si les communes consentent à voter des fonds pour des fouilles.

MONSIEUR LE PRÉFET, en me signalant les découvertes intéressantes qu'ont amenées les fouilles faites dans quelques communes de votre département, vous avez accompagné ces renseignements de demandes de secours sur le crédit des monuments historiques, afin d'être mis à même de faire continuer ces explorations. Mais l'insuffisance de ce crédit, eu égard aux besoins des nombreux édifices dont il a pour but d'assurer la conservation, ne m'a permis de donner suite à des demandes de cette nature que dans des cas exceptionnels.

Je suis loin pourtant de méconnaître l'utilité de semblables recherches, et les instructions sur la bonne direction qui doit leur être donnée, contenues dans la circulaire de mon prédécesseur en date du 13 mars 1838, et que je dois vous rappeler, témoignent assez de l'intérêt que prend le Gouvernement à ces sortes de travaux.

Les communes elles-mêmes sur lesquelles on a constaté l'existence de ruines

[1] Au 31 août aujourd'hui.

ou de substructions, indices d'établissements antiques plus ou moins considérables, ne peuvent rester indifférentes à des opérations dont les résultats sont destinés à jeter du jour et de l'éclat sur leur histoire, en même temps qu'ils appellent l'attention des amis des arts et la curiosité du voyageur.

C'est donc avec raison, Monsieur le Préfet, que les travaux de fouilles doivent être mis au nombre des travaux d'utilité communale dont je vous ai déjà entretenu par ma circulaire du 21 décembre 1846 (4e division, administration communale et hospitalière), et qui peuvent être encouragés à l'aide de subventions sur le crédit de quatre millions que j'ai la mission de répartir entre les communes qui ont organisé des ateliers de charité pour occuper les indigents.

En conséquence, je vous engage à inviter le conseil municipal de à se réunir et à l'informer que je suis disposé à augmenter, dans la proportion d'un tiers, les sommes qu'il votera pour la continuation des fouilles commencées à

Je n'ai pas besoin, Monsieur le Préfet, d'insister sur la nécessité de n'apporter aucun retard dans la suite que vous devez donner à mes communications, et de me rendre compte le plus promptement possible des résultats obtenus.

Paris, le 22 avril 1852.

Le décret du 25 mars 1852 n'est pas applicable au service des monuments historiques.

Monsieur le Préfet, vous avez remarqué que le décret du 25 mars 1852 ne change rien à l'instruction que doivent recevoir les affaires relatives à la restauration et à la conservation des monuments historiques. Il est plus que jamais nécessaire que ces affaires soient soumises au contrôle de l'administration centrale, et que tous les travaux qui s'exécutent dans nos édifices nationaux participent à la même surveillance. Pendant longtemps nos monuments ont été presque abandonnés; aujourd'hui que le goût des recherches archéologiques est très-répandu, ils sont exposés à des expériences dangereuses. Un zèle maladroit peut avoir des conséquences aussi fâcheuses que la négligence, et des réparations mal dirigées laissent toujours des traces plus funestes que le défaut d'entretien. Il importe que tous les projets de réparations pour des monuments historiques soient examinés avec un soin particulier et ne soient mis à exécution qu'après l'avis de personnes compétentes. Vous savez, Monsieur le Préfet, qu'une Commission spéciale a été instituée à cet effet auprès de mon département. Je veillerai à ce que l'expédition des affaires que vous me transmettrez ait lieu aussi promptement que possible.

Les fonds dont je dispose pour la conservation des monuments historiques sont malheureusement fort restreints. Je m'appliquerai à en faire la répartition, en ayant égard à la nature des besoins, à leur urgence, et aussi aux sacrifices que les communes et les départements auront faits de leur côté.

Vous aurez soin de m'entretenir non-seulement des réparations pour lesquelles le concours de mon administration est réclamé, mais encore de celles dont la dépense aurait lieu au moyen de ressources locales. Je dois vous rappeler que ma surveillance s'étend sur tous les monuments classés, et que nulle espèce de travaux ne doit y être entreprise sans mon autorisation.

Je désire qu'il me soit possible d'employer des architectes de votre département. Cependant j'ai reconnu la nécessité de ne confier la restauration d'édifices très-importants qu'à des hommes dont l'expérience m'est bien connue, et souvent je chargerai des architectes de Paris de diriger ces travaux. Je vous prie de les aider de votre influence et d'empêcher surtout que d'autres travaux ne s'exécutent dans le même monument sous la direction d'autres architectes.

Il arrive, en effet, quelquefois que des communes, des fabriques ou des particuliers, disposant de fonds plus ou moins considérables, se croient le droit d'en faire emploi dans un monument historique, sans en avoir obtenu l'autorisation, et par l'entremise d'architectes qui n'ont pas le talent ou l'expérience nécessaires pour les réparations dont on les charge. Ces réparations peuvent être nuisibles, altérer le caractère des édifices ou même en compromettre la conservation. Souvent, et c'est le moindre mal qui puisse en résulter, elles dissipent des ressources qui pourraient être plus utilement employées. Je compte que vous emploierez votre influence pour rappeler aux communes et aux fabriques de votre département leurs véritables intérêts, et vous leur prouverez sans peine qu'elles n'ont qu'à gagner en consultant l'administration centrale.

Je ne puis trop vous engager, Monsieur le Préfet, à porter votre attention sur les usurpations ou les tolérances déplorables par suite desquelles plusieurs monuments sont entourés et masqués de constructions parasites, souvent très-nuisibles aux édifices contre lesquels on les a établies. Les administrations municipales ne mettent pas toujours la fermeté désirable à prévenir ou réprimer ces usurpations. Vous prendrez des mesures pour faire cesser ces abus, et, s'il en était qui fussent prescrits par un long usage, vous me feriez connaître à quelles conditions l'expropriation pourrait avoir lieu.

RAPPORTS

PRÉSENTÉS AU MINISTRE DE L'INTÉRIEUR[1]

AU NOM DE LA COMMISSION

DES MONUMENTS HISTORIQUES.

Monsieur le Ministre, d'après l'autorisation que vous m'avez fait l'honneur de m'accorder, en date du 25 novembre 1830, j'ai parcouru les départements de l'Oise, de la Marne, de l'Aisne, du Nord et du Pas-de-Calais. Les villes que j'ai particulièrement visitées sont : Senlis, Compiègne, Noyon, Soissons, Braisne, Reims, Laon, Saint-Quentin, Cambrai, Douai, Valenciennes, Lille, Arras, Saint-Omer et Boulogne.

Comme le but de mon inspection n'était pas unique, et qu'indépendamment des monuments, j'avais à visiter les bibliothèques, les musées, les écoles de dessin, etc. je crois devoir, pour vous rendre compte avec plus de clarté de ce que j'ai vu, diviser ce rapport en quatre parties. Je parlerai, 1° des monuments, 2° des bibliothèques et archives, 3° des musées et objets d'art, 4° des écoles de dessin, de musique, etc.

MONUMENTS.

Constater l'existence et faire la description critique de tous les édifices du royaume qui, soit par leur date, soit par le caractère de leur architecture, soit par les événements dont ils furent témoins, méritent l'attention de l'archéologue, de l'artiste ou de l'historien, tel est le premier but des fonctions qui me sont confiées; en second lieu, je dois veiller à la conservation de ces édifices, en indiquant au Gouvernement et aux autorités locales les moyens soit de prévenir, soit d'arrêter leur dégradation.

De ces deux missions, la première est toute scientifique, et les résultats, ce me semble, n'en peuvent être consignés que dans le catalogue raisonné des monuments de France, que je suis chargé de dresser; quant à la seconde, elle est, à vrai dire, administrative; aussi c'est spécialement à son sujet que je vais avoir l'honneur de vous entretenir.

Je vous demanderai toutefois la permission, Monsieur le Ministre, d'exposer sommairement quelques observations sur le nombre et sur le caractère des monuments historiques dans les diverses contrées que je viens de parcourir.

[1] Le service des monuments historiques est passé du ministère de l'intérieur dans les attributions du ministère d'État, en 1853.

§ I.

Architecture.

Cette partie de notre territoire est à coup sûr la plus anciennement française. C'est dans les plaines de Cambrai que les Francs commencèrent leur conquête; c'est aux portes de Soissons que les Romains livrèrent leur dernier combat. Ce coin de terre fut la demeure de plusieurs rois de la première race; il servit de refuge aux derniers rois de la seconde. C'est là que s'est assise pour la première fois la nation franque; c'est là que s'est formé, plus tard, le noyau de la nation française.

Or je m'étais proposé de chercher particulièrement si, sur ce terrain tout mérovingien, pour ainsi dire, il subsistait encore quelques constructions contemporaines des premiers siècles de la conquête, ou tout au moins antérieures à l'an 1000. Je n'en ai point trouvé.

Et cependant une époque encore plus éloignée, celle de la domination romaine, a laissé dans ces contrées d'assez nombreux vestiges. Sans parler d'un arc de triomphe qu'on voit à Reims, enclavé dans le rempart près de la Porte-Mars, monument mutilé, mais remarquable encore par les débris de son ancienne richesse et par des fragments de sculptures assez bien conservés[1], sans parler, dis-je, de cet arc de triomphe, on trouve, dans le département voisin, à Vermand, près de Saint-Quentin, et à Saint-Thomas, près de Laon, des camps romains encore très-apparents[2]; on en compte au moins quatre dans le département de la Somme[3]. A Soissons, en creusant les nouveaux fossés qui entourent la ville, on rencontre à chaque pas des constructions romaines[4]; à Famars, il a suffi de re-

[1] Voyez, dans le grand ouvrage de M. le comte de Laborde sur les monuments de la France, plusieurs dessins de cet arc de triomphe, en n'oubliant pas toutefois que la gravure le rajeunit un peu trop. Quoique la pierre ait encore une teinte très-blonde, on sent sa vétusté par je ne sais quoi d'inégal et de raboteux à l'œil. Néanmoins, les deux morceaux de sculpture les plus remarquables sont d'une belle conservation : ce sont deux bas-reliefs encadrés dans d'élégants caissons et placés en voussoirs sous les deux petites arcades latérales : l'un représente Léda et Jupiter, l'autre Romulus et Rémus.

[2] Voyez, sur ces deux camps romains, les dissertations de M. de Vismes et l'extrait d'une notice sur les monuments du département de l'Aisne, inséré dans l'Annuaire du département, année 1822. Cette notice contient en outre des données intéressantes sur les *mottes* ou *tombelles*, sur les *voies* et *chaussées*, et enfin sur les *monnaies* et *médailles antiques* qui se trouvent en abondance dans le département.

[3] Ces camps sont placés dans la vallée de la Somme, à Liercourt, à Létoile, à Tirancourt et à Roye. Voyez la dissertation de M. le comte d'Allonville, sur les camps romains de la Somme, in-4°, 1828.

[4] Depuis mon passage à Soissons, on a découvert, en creusant les fossés, un groupe en marbre blanc, composé de deux figures plus grandes que nature. « Le personnage principal « est couvert d'une tunique à manches longues, « arrêtée par une ceinture ou cordon très-sim- « ple, et d'un manteau qui est retenu sur l'épaule « droite par une agrafe; les jambes sont nues,

muer un peu la terre pour découvrir des sculptures et même des peintures fort intéressantes; on en trouverait également à Bavay, sur toute la rive de l'Écaillon, et en général dans presque tout le département du Nord, ancien pays des Nerviens, cette peuplade qui résista si vaillamment à César. Ainsi les premiers conquérants ont laissé des traces qui subsistent encore; les seconds, au contraire, n'ont rien construit qui ait survécu; et cependant, s'il est un lieu de France où l'on puisse s'attendre à trouver des antiquités mérovingiennes, c'est assurément celui-là. Or non-seulement je suis certain de n'avoir rien rencontré de mérovingien, mais j'ai également la conviction de n'avoir vu aucune construction carlovingienne d'une date certaine et de quelque importance, quoique la tradition décore de ce nom plusieurs monuments qui, à n'en pas douter, ont été élevés sous la troisième race.

Ainsi, la cathédrale de Noyon, quelque vétusté qu'on lui attribue, ne contient pas, du moins hors de terre, un seul pan de mur qui soit antérieur au XIIe siècle. Les parties les plus anciennes de l'église, telles que les grandes arcades du chœur, les transsepts, et quelques fenêtres, appartiennent peut être au commencement de ce siècle ; le reste est de la fin, ou même en grande partie du XIIIe.

A Soissons, Saint-Pierre-à-l'Assaut, qu'on veut faire passer, je crois, pour un temple antique, est tout simplement l'abside d'une chapelle ou petite église dont la nef a été détruite. On peut dire à coup sûr qu'elle a été élevée vers le milieu du XIIe siècle; elle porte les caractères de cette époque les plus incontestables. Sa couverture primitive en pierres, conservée en partie, contribue peut-être à lui donner un certain air de monument antique, d'où sera provenue la tradition qui la fait si vieille.

Saint-Remi de Reims conserve encore quelques fragments à peine apparents de sa première reconstruction de 1041, mais il est impossible d'y rien trouver qui remonte au delà.

« les pieds chaussés d'un brodequin ou bottine « terminée par une sorte de retroussis et fendue « sur le coude-pied. La tête et le bras gauche « manquent; il ne paraît pas qu'ils fissent partie « de la masse comme le reste du groupe; ils étaient « fixés par des goujons en fer. Le second personnage est un enfant de douze à treize ans, « couvert d'un manteau agrafé sur l'épaule « droite; les bras, les jambes et le torse sont « nus, les pieds chaussés de sandales : la tête et « le bras droit manquent. »

M. Gencourt, architecte de la ville de Soissons, qui me transmet ces détails, ajoute que ce groupe porte des traces de colorage. Une sorte de galon ou bracelet, peint d'un bleu d'azur magnifique, entoure le haut du bras de la figure principale. Ce fait confirme ce que de récentes expériences ont déjà prouvé relativement à l'emploi fréquent que les anciens faisaient de la couleur sur leurs monuments de pierre et de marbre.

Je recevrai bientôt des renseignements plus circonstanciés sur cette importante découverte. En attendant, j'ai veillé à ce que les statues fussent mises en lieu sûr et à l'abri des dégradations.

Il en est de même de Saint-Martin de Laon[1] : ses parties les plus anciennes, soit à l'extérieur, soit à l'intérieur, sont évidemment du XIIe siècle.

Les deux seuls monuments sur lesquels la controverse serait peut-être jusqu'à un certain point admissible sont : la tour dite de *Louis d'Outre-mer*, à Laon, et la crypte de l'ancienne église de l'abbaye de Saint-Médard, à Soissons. Cette tour de Laon a tant de rapport avec celles qu'on élevait au XIe et au XIIe siècle, qu'on est d'abord tenté de la supposer de l'une de ces deux époques; mais, d'un autre côté, on n'a pas de bien fortes raisons pour nier qu'elle soit du temps de Louis d'Outre-mer, c'est-à-dire de l'an 936 environ. Complétement découronnée et privée de tout accessoire de sculpture, il est fort difficile de deviner son âge : quoi qu'il en soit, elle produit un effet très-pittoresque dans la ville, et il est à regretter que le conseil municipal médite sa démolition, comme je le dirai tout à l'heure.

Quant au souterrain de Saint-Médard, la tradition veut non-seulement qu'il ait appartenu à l'église qui fut témoin de la captivité de Louis le Débonnaire, mais que Chilpéric, et, à ce que je crois, son fils Clothaire, y aient été enterrés. On vous montre deux niches sous lesquelles reposaient les deux rois avant la Révolution. Or ces deux niches ont été sculptées bien certainement au plus tôt vers le XIIe siècle. Mais, une fois mise de côté la fable du tombeau de Chilpéric, faut-il en conclure que le reste de la crypte ne soit pas antérieur au XIIe siècle? C'est ce dont il est permis de douter. Ce grand caveau est si simple, si régulier, ses murs sont tellement à angle droit, sans un filet, sans une moulure, qu'on y trouve beaucoup d'analogie, sinon avec les constructions des Romains, du moins avec celles qu'on peut supposer avoir été en usage dans les premiers siècles de la conquête. D'un autre côté pourtant, cette crypte se termine par cinq absides et communique à l'église supérieure par deux escaliers qui n'existent plus, mais dont on voit la place, et qui correspondaient aux collatéraux de l'église. Cette disposition n'est pas très-primitive et pourrait même faire penser que la crypte, quoique fort ancienne, est postérieure à l'an 1000. Au reste, les mêmes incertitudes ne sauraient s'élever à l'égard d'un autre souterrain qu'on vous montre à Saint-Médard et qu'on prétend avoir servi de cachot à Louis le Débonnaire : on va même jusqu'à vous faire lire sur la muraille des vers écrits de la main du prisonnier. Par malheur les voûtes du cachot sont à ogive, et les vers en langue d'oil. A moins d'avoir vécu deux à trois cents ans après sa mort,

[1] Je dois citer aussi un fragment d'une autre église de Saint-Martin, à Laon, sur la place de la cathédrale, à gauche. Ce petit bâtiment, qui sert aujourd'hui d'écurie, est remarquable par une corniche composée d'un rang de grosses têtes de clou, soutenues par des modillons ou masques sculptés avec une extrême grossièreté. Je ne serais pas éloigné de croire que ce fût un ouvrage du IXe ou Xe siècle.

le pauvre Louis le Débonnaire n'a certes pas plus habité le cachot qu'il n'a écrit les vers.

Ainsi, en résumé, cette partie du sol de la vieille France conserve bien encore quelques fragments de l'époque romaine; mais les monuments des deux premières races en ont complétement disparu, soit que les constructions de cette époque, en général mal conçues, peu solides, et assez souvent en bois, n'aient pu résister aux attaques du temps et des hommes, soit qu'elles aient été trop peu multipliées, surtout vers la fin du IXe et durant le Xe siècle, pour qu'il en soit parvenu quelque chose jusqu'à nous.

Ce qui m'étonne, c'est de n'avoir pas trouvé à me dédommager sur le siècle suivant. Je ne vois guère que Saint-Remi de Reims et quelques églises de villages qui m'aient offert des fragments de constructions du XIe siècle; et pourtant, à partir de l'an 1000, la manie de bâtir se répandit dans la chrétienté comme une maladie; il fallut tout reconstruire, tout remettre à neuf. D'un autre côté, grâce aux leçons de l'Orient, les constructions commencèrent à devenir moins informes et plus durables. Le pays dont nous parlons échappa-t-il donc à la passion commune, ou bien des causes accidentelles ont-elles fait disparaître les édifices de cette époque? Je ne sais; mais, quoi qu'il en soit, le XIe siècle est presque muet aujourd'hui dans ces contrées.

Ce n'est guère que le XIIe qui commence à donner signe de vie. J'ai trouvé, à Soissons, derrière une échoppe, dans la rue du Saint-Esprit, deux arcades plein-cintre, merveilleusement sculptées, unique débris de l'ancienne église de l'abbaye Notre-Dame, et l'un des plus beaux modèles que j'aie encore rencontré de ce goût oriental, de ce style byzantin pur[1], qui, après la première croisade, vint se

[1] Il faudrait des développements beaucoup plus longs que ceux qui peuvent trouver place ici, pour expliquer clairement ce que j'entends par ces mots : *goût oriental, style byzantin pur.* Ailleurs je tâcherai de démontrer que l'histoire de l'architecture en Occident, depuis le VIe siècle jusqu'à la fin du XIIe, n'est autre chose que l'histoire des importations successives du goût qui régnait durant cette période en Grèce et sur tout le littoral de la Méditerranée, depuis Constantinople jusqu'à Alexandrie. Ces importations, plus ou moins heureuses, plus ou moins bien accueillies, selon les temps et les lieux, offrent un spectacle plein de variété, et d'un attrait tout dramatique. Partout où il y a un fleuve à remonter, partout où vous voyez richesse chez les peuples ou génie chez le souverain, vous pouvez être sûrs que le goût exotique fait de rapides progrès; partout, au contraire, où les communications sont difficiles, et où, en guise de commerce et de prospérité, il y a ténèbre et misère, l'art de bâtir reste soumis aux vieilles habitudes romaines, modifiées par les dispositions grossières des Barbares. De là vient que, dans une même contrée, le goût oriental paraît et disparaît tour à tour, selon que les circonstances le chassent ou l'appellent; et, par exemple en France, il est à peu près ignoré au VIe siècle, tandis que, vers la même époque, il commence à poindre en Italie, sous les auspices des exarques de Ravenne. Plus tard, au contraire, banni d'Italie par la barbarie des Lombards, il est accueilli en France par Charlemagne; il s'y éteint peu à peu après la mort de ce grand

naturaliser avec plus ou moins de bonheur dans tout l'Occident. Les Grecs, à leurs plus belles époques, n'ont rien sculpté assurément d'un goût plus fin, plus spirituel, plus capricieux et à la fois plus régulier, que ces deux arcades. La petite église Saint-Pierre, située vis-à-vis, quoique moins finement sculptée, est encore un exemple agréable de cette architecture du XIIe siècle : il n'en reste debout que le portail et une petite partie de la nef, ajoutez à ces deux fragments la chapelle de Saint-Pierre-à-l'Assaut, également à Soissons, puis à Laon une assez

homme et fait place, vers le Xe siècle, à un système bâtard et grossier, tandis que, sur la fin du même siècle, on le voit fleurir avec éclat en Allemagne, sous l'empire des Othon. Mais un événement immense vient mettre un terme à ces oscillations : l'Europe tout entière, riche ou pauvre, éclairée ou barbare, se précipite vers l'Orient; entre les moindres villes, entre les moindres villages et Constantinople, il s'établit tout à coup un chemin incessamment couvert de voyageurs. De ce moment, c'est-à-dire à partir du XIe siècle, le règne du goût oriental n'est plus local et accidentel, il devient universel. Toutefois, dans chaque contrée, chez chaque peuple où il est accueilli, il se modifie plus ou moins : ainsi les Normands n'en prennent que certains caractères, et rejettent les autres; il en est de même dans nos provinces du midi, dans celles du centre, dans les pays arrosés par le Rhin; partout quelques modifications de détails, et comme un cachet particulier pour chaque localité. Mais, à côté de ces monuments chez lesquels le style oriental porte la trace de sa naturalisation dans telle ou telle partie de l'Occident, vous en trouvez parfois qui semblent venus directement de Grèce ou d'Ionie, tant ils conservent pur et intact leur caractère natif : ces monuments, exécutés avec beaucoup de finesse par des architectes byzantins, ou tout au moins par des moines instruits aux écoles d'Orient, sont rares et précieux; ils appartiennent en général au XIIe siècle. Or c'est le style de ces monuments que j'appelle style byzantin pur, c'est-à-dire dépouillé de tout alliage romain et barbare.

Quant à un autre style d'architecture qu'on est peut-être plus accoutumé à entendre appeler *oriental*, le style à *ogive* (improprement dit *gothique*), j'essayerai aussi de démontrer qu'il n'est rien moins qu'oriental, et qu'au contraire il est essentiellement indigène, et n'a eu d'autre patrie que les contrées d'Occident qui l'ont vu fleurir. C'est encore un admirable chapitre dans nos annales que l'histoire de cette nouvelle architecture. Son origine, sa formation, ses progrès, c'est l'origine, la formation, les progrès de presque toute l'Europe moderne, du XIIe au XVIe siècle, depuis Louis VII jusqu'à Louis XII. Elle est née des mêmes circonstances, elle s'est développée d'après les mêmes lois que tout ce qui est né, que tout ce qui s'est développé alors en Occident, langues, peuples, états, institutions; elle préside au réveil du moyen âge, comme l'architecture à plein-cintre assiste à son sommeil. Son principe est dans l'émancipation, dans la liberté, dans l'esprit d'association et de *communes*, dans des sentiments tout indigènes et tout nationaux; elle est bourgeoise, et de plus elle est française, anglaise, teutonique, etc. L'autre, au contraire, est exotique et sacerdotale; elle naît du dogme et non du sol, de la foi et non des mœurs; elle règne par droit de conquête ecclésiastique; elle n'a d'autre principe, d'autres racines que l'église et les canons. Aussi les architectes, qui sont-ils ? ici des moines, rien que des moines ou des gens d'église; là des laïques, des *francs*-maçons. Je sens tout ce qu'il y a de vague et d'incomplet dans de telles explications. Il me faudra de longs développements, aussi bien pour tracer l'histoire du style à ogive que pour suivre les migrations du plein-cintre oriental. Mais, je le répète, c'est sur notre sol même qu'il faut chercher les causes sociales et physiques qui ont grande partie de l'église Saint-Martin [1], le petit portail de l'église Saint-Maurice à Reims [2], celui de l'église de Coucy-le-Château [3], et enfin plusieurs églises de vil-

donné naissance à ce grand et beau système de l'ogive. Ce n'est pas que plusieurs éléments de ce système, et peut-être l'ogive elle-même, ne soient des exportations d'Orient; mais il n'en faut rien conclure pour la véritable origine du système, car autre chose est un système, autre chose les matériaux souvent épars et incohérents dont il est construit.

[1] Sauf le portail et la première fenêtre de la nef attenante au portail, l'église Saint-Martin est, *à l'extérieur,* complétement à plein-cintre. Les fenêtres ont cela de particulier, qu'elles sont extrêmement allongées; elles ont au moins trois fois et demie plus de hauteur que de largeur. Tout le long de la nef, il règne sous le toit une corniche fort remarquable par la simplicité, par la netteté et le nerf de son exécution : elle se compose, en partant du haut, de deux filets creux très-minces surmontant un cordon à damiers creux et pleins, lequel court entre deux filets saillants; puis vient une plate-bande unie qui sert de repos, puis un filet creux très-mince, puis enfin des modillons dont la grosseur est d'environ moitié du reste de la corniche. Ces modillons sont tous variés et représentent des fleurs, des nœuds, des rosaces et quelques têtes d'animaux, mais en petit nombre; ils sont sculptés avec une fermeté et une précision singulières.

Quant aux fenêtres, elles sont tout simplement entourées d'un tore ou boudin de moyenne grosseur, surmonté de deux filets creux. Ce cordon est continu d'une fenêtre à l'autre.

Le transsept sud porte des traces du style de transition : c'est un mélange de pleins-cintres et d'ogives presque insensibles. On y voit aussi une rosace à jour, composée de petits arcs plein-cintre rayonnant vers le centre.

Enfin l'apside se termine carrément et par un fronton; on y retrouve la même corniche et les mêmes fenêtres que sur les murs de la nef. On l'a percée et l'on y a pratiqué une grande fenêtre ogive dans des temps plus modernes.

L'intérieur est d'une extrême simplicité; il n'y a ni galerie ni colonnettes. Les arcades qui séparent la nef des collatéraux sont à ogive, et les fenêtres supérieures à plein-cintre (ce sont celles qu'on aperçoit extérieurement). Une grande colonne engagée, toute unie et sans anneaux, flanquée de deux petites colonnes annelées, file le long des piliers carrés jusqu'aux combles. Cette disposition est simple et belle. Malheureusement l'église est entièrement revêtue d'un épais badigeon blanc et jaune, qui alourdit et altère toutes les proportions.

[2] Il y a, dans cette petite église, des parties d'une construction fort grossière et probablement beaucoup plus ancienne que le portail; ce sont les deux arcades de la nef les plus proches du chœur. En examinant les murs extérieurs qui correspondent à des arcades, on reconnaît un choix et un arrangement de matériaux tout autre et beaucoup plus incorrect que dans le reste de l'église. Quant au portail, il est assez insignifiant et d'un travail fort ordinaire; peut-être appartient-il plutôt au XIe siècle qu'au XIIe.

[3] Ce petit portail est autrement intéressant que celui de Saint-Maurice : il est à coup sûr du XIIe siècle; le caractère des colonnettes des petites arcades, et d'autres détails, en donnent la preuve certaine. Le motif en est simple et l'exécution assez soignée. D'abord une large porte appuyée sur des colonnes en retraite et surmontée de deux larges tores, l'un sculpté, l'autre uni; au-dessus, une fenêtre beaucoup moins large et beaucoup plus haute que la porte; le plein-cintre repose sur deux longues colonnes annelées; les chapiteaux et les filets sont de bon goût. Au-dessus de cette grande fenêtre, une jolie petite galerie aveugle, composée de colonnettes supportant six arcades en trèfle déployé; enfin, pour remplir le fronton aigu qui s'élève au-dessus de la petite galerie, une rosace très-simple ou plutôt un trèfle à trois lobes, encadré circulairement d'abord par

lage alentour de Soissons[1], et vous aurez à peu près tout ce qui reste, dans ce pays, du commencement et du milieu du XIIe siècle. Sa dernière moitié et les premières années du XIIIe siècle ont laissé des traces bien plus nombreuses, et c'est même en monuments de cette période, époque de la transition du plein-cintre à l'ogive, que consiste presque toute la richesse architecturale du pays. Je ne parle ici que du département de l'Aisne et de la partie de ceux de l'Oise et de la Marne que j'ai visitée; car, quant au Pas-de-Calais et au Nord, non-seulement il n'y est pas question de monuments de transition, mais ceux du XIIIe siècle y sont tout à fait inconnus[2] : à peine, çà et là, quelques ruines du XIVe, et pas un seul édifice entier dont la construction remonte au delà de 1500 ou tout au plus de 1450. Généralement parlant, un édifice de cent cinquante ans est, dans ce pays, une sorte de rareté. Les hommes y sont trop nombreux, trop riches, trop industrieux, pour que le sol ne change pas de face sous leurs mains toutes les deux ou trois générations : la fièvre de reconstruire règne là en permanence.

Mais, pour en revenir aux départements de l'Aisne, de l'Oise et de la Marne, on y trouve, comme je viens de le dire, un assez grand nombre de monuments de transition. Les uns appartiennent à la fin du XIIe siècle et offrent un mélange intéressant de pleins-cintres et d'ogives; les autres, construits dans les premières années du XIIIe, sont totalement à ogive, mais doivent encore être rangés parmi les monuments de transition, soit parce que les ogives conservent, dans leurs proportions et dans leurs moulures, un certain sentiment robuste et massif, soit parce qu'il règne encore, dans tous les accessoires sculptés, je ne sais quel reflet de l'Orient. Au nombre des derniers, j'ai surtout remarqué la partie inférieure de Saint-Jean-des-Vignes, à Soissons[3], la cathédrale de Senlis, le chœur

un zigzag normand, ensuite par un large tore revêtu d'une tresse à jour.

[1] Celles de Courcelles, de Vaux-Rezis, etc. Dans cette dernière, les chapiteaux qui supportent la retombée des voûtes d'arête du chœur sont extrêmement remarquables; le dessin en est à la fois sévère et capricieux. Il serait difficile d'assigner une date exacte à ces chapiteaux, mais ils peuvent être antérieurs au XIIe siècle.

[2] Il existe cependant à Saint-Venant, près d'Hazebrouck et de Béthune, une église qui est, dit-on, fort ancienne. On y voit un baptistère sur lequel est sculptée, de la manière la plus barbare, une histoire complète de la passion. Ce monument, que je n'ai pu voir et dont je ne juge que d'après un dessin qu'on m'a montré à Douai, est très-probablement du Xe ou du IXe siècle; il est d'un type trop grossier pour appartenir soit au XIe siècle, soit à l'époque de Charlemagne.

[3] A partir de la plate-forme qui les sépare, les deux clochers ont été construits au XVe siècle. L'œil le moins exercé reconnaît la différence des deux styles. Rien de si lourd, de si plat que la sommité de ces clochers; on n'a pas même eu l'intention de les faire semblables; vous diriez des visages et des bustes presque difformes entés sur des corps élégants, gracieux et admirablement proportionnés. En effet, jusqu'à cette plate-forme, la disposition, le dessin et les ornements de cette façade sont du goût le plus parfait, de l'exécution la plus délicate.

de Saint-Jacques, à Compiègne, et l'église Saint-Ived, à Braisne; parmi les autres, il faut placer Saint-Remi de Reims, la cathédrale de Noyon, Saint-Martin de Laon, et une charmante église de village à Tracy, près de Noyon.

Ce petit monument mérite une attention toute particulière. Il est à peu près inconnu, et c'est presque à titre de découverte que j'en parle. On ne peut s'imaginer un travail plus suave et plus hardi, des proportions plus ravissantes. L'ogive s'y montre, mais à peine sensible et entourée de ce cortége d'ornements et de zigzags qui n'accompagnent d'ordinaire que le plein-cintre fleuri. Il y a, d'ailleurs, dans l'église, des parties purement à plein-cintre.

Ces parties sont l'abside, le portail et la muraille qui soutient le comble de la nef du côté du nord. C'est là ce qu'il y a de plus ancien dans l'église. On doit en faire remonter la construction au XIe siècle ou aux premiers temps du XIIe. La tour qui flanque l'abside au nord, et qui probablement avait jadis son pendant au midi, aura été bâtie plus tard, vers la dernière moitié du XIIe siècle. Quant à tout le reste de l'église, c'est au moins deux cent cinquante ans après la tour (de 1400 à 1500) que la construction en a été faite [1].

[1] A l'intérieur, il ne subsiste de la primitive église que trois piliers carrés, surmontés de petites corniches profilées en équerre et ornées de larges têtes de clous évidées. Ces piliers donnent naissance à trois arcs plein-cintre d'un motif très-pur, qui soutiennent la muraille sur laquelle repose, du côté du nord, le toit principal de la nef. Quant au collatéral, qui cache en partie cette muraille, il est du XVe siècle.

Au-dessous de ce toit règne une corniche composée de modillons très-bien sculptés, représentant des têtes d'hommes et d'animaux, liés les uns aux autres par de gros boudins brisés à angle droit, et formant cet ornement connu sous le nom de *grecque*. Ce même boudin grec et ces mêmes modillons sculptés règnent également sous le toit de l'abside, moins élevé de plusieurs pieds que celui de la nef.

L'abside est éclairée par trois fenêtres plein-cintre, liées entre elles par un ruban de têtes de clou. Ce cordon file à mi-hauteur de chaque fenêtre, et va rejoindre en ligne droite la fenêtre suivante, qu'il enveloppe aussi jusqu'à sa mi-hauteur, et ainsi de suite.

Quant à la tour, qui est la perle de l'église, il est impossible de la décrire; il faut la voir pour en sentir le charme et l'extrême élégance. C'est une justesse de proportion et de sentiment qui enchante, un vrai bijou dans le genre oriental fleuri. La disposition en est des plus heureuses : 1° un soubassement tout uni, carré et plus élevé que l'abside qui lui est contiguë; 2° un rang de modillons sculptés et liés, comme ceux de la nef et de l'abside, par un boudin, mais demi-circulaire et non plus à angle droit; 3° au-dessus de la rangée de modillons, deux grandes fenêtres accouplées sur chaque face; l'ogive à peine sentie, mais l'arcade étroite, le tore robuste et pourtant léger, les colonnettes d'une heureuse proportion, et terminées par des figures de monstres et de chimères en guise de chapiteaux. Dans l'enfoncement des arcades, un gros boudin en zigzag terminé par un chapiteau. Cette espèce de colonnes à bâtons rompus, terminant la série des profils dont se compose chaque arcade, est de l'effet le plus piquant. Mais ce n'est pas tout : la tour, jusque-là carrée, devient tout à coup octogone; aux quatre grandes doubles arcades en succèdent huit moins hautes, mais plus légères, plus ornées et plus brillantes encore. Un nouveau cordon de modillons sculptés les sépare des premières; de plus, elles sont

Il faut signaler cette petite église comme œuvre de l'art, et comme preuve que cette élégante architecture qui, au XIIe siècle, florissait sur les bords du Rhin, avait aussi pénétré en Picardie, et y était cultivée avec plus de finesse peut-être, sinon avec autant de grandiose et de majesté, qu'en Normandie. On peut dire que l'église de Tracy a plus d'analogie avec le style de la Normandie qu'avec celui des bords du Rhin; mais elle en diffère pourtant en plusieurs points, notamment par la forme octogone de la tour et la pente peu inclinée du toit; or il n'est pas sans intérêt de remarquer que, sur ce terrain intermédiaire entre Caen et Cologne, un goût pour ainsi dire intermédiaire se fût introduit. Plusieurs autres observations m'ont confirmé ce fait[1].

J'ai rapporté quelques dessins de l'église de Tracy, exécutés rapidement, mais avec esprit, par M. Ramée, jeune architecte qui voyageait avec moi. J'ai pris, en outre, un assez grand nombre de notes sur les détails de la construction; mais, ce n'est pas assez : il y aurait un ouvrage spécial à composer sur ce petit chef-d'œuvre.

Si nous sortons maintenant des monuments de transition, et que nous passions à l'architecture du XIIIe siècle, c'est-à-dire à la perfection du style à ogive, l'intérieur de la grande et belle cathédrale de Reims m'en a offert le modèle le plus achevé. L'Allemagne possède des portails et des tours plus admirables; mais pour l'effet intérieur, rien ne peut être préféré au vaisseau de Reims. En entrant sous ces voûtes si pures, si merveilleusement proportionnées, on reconnaît un grand système parvenu à son point de maturité, à son idéal : c'est le Parthénon de notre architecture nationale.

légèrement en retraite, de sorte que la tour va en s'amincissant à mesure qu'elle grandit; et, comme il y a un ressaut entre le premier et le second étage, on a voulu l'épargner à l'œil et lui ménager une transition en plaçant, sur les angles de la plate-forme carrée qui termine le premier étage, des figures d'ange aux ailes déployées; de ces quatre figures il en reste encore deux qui produisent à peu près le même effet que les acrotères sur les frontons des temples grecs.

Enfin les huit arcades sont couronnées par un troisième cordon de modillons sculptés qui supportent un toit de pierre, cône octogone très-peu incliné.

Dans l'intérieur de l'église, on remarque une grande cuvette en pierre, de forme octogone, reposant sur quatre courtes colonnettes à longues griffes; c'est un baptistère qui date du XIIIe siècle, ou peut-être de la fin du XIIe. Les huit faces portent chacune un écusson effacé. A côté de la cuvette principale en est une autre plus petite sur un socle octogone, et servant de déversoir à la première. De tels morceaux, assez communs en Angleterre, sont en France d'une extrême rareté. (Voy. plus haut, p. 36, note 2. ce qui est dit du baptistère de Saint-Venant.)

[1] Ainsi, par exemple, les modillons ou corbeaux, si communs en Normandie, sont tout à fait inconnus sur les bords du Rhin; en Picardie, vous en rencontrez quelques exemples. Mais, en revanche, la disposition générale et l'exécution des ornements sculptés que vous trouvez en Picardie rappellent beaucoup plus ceux des bords du Rhin que ceux de la Normandie.

J'ai trouvé peu d'édifices du XIVe siècle. L'église de Saint-Bertin, à Saint-Omer, était peut-être une des créations les plus remarquables de ce style élégant, mais déjà moins sévère, moins imposant que celui du siècle précédent; par malheur, l'église de Saint-Bertin est à moitié démolie. Le cloître de Saint-Jean-des-Vignes, à Soissons, que je crois aussi en partie du XIVe siècle, est également en ruine, et, comme je le dirai tout à l'heure, menacé d'une démolition prochaine.

Le XVe siècle, au contraire, se montre pour ainsi dire à chaque pas. Ce ne sont point, en général, des monuments entiers, mais des fragments de monuments, des restaurations, des raccommodages. Sur ce théâtre de nos longues guerres avec les Anglais, les édifices publics durent, pendant près d'un siècle, cruellement souffrir; aussi, dès que le pays fut libre, se mit-on de toute part à les réparer; de là ces *reprises* du XVe siècle que j'ai rencontrées dans presque toutes les églises.

Le petit nombre d'anciens hôtels de ville qui subsistent encore dans ces divers départements sont aussi tous de cette époque. J'en ai compté six, savoir, ceux de Compiègne, de Noyon, de Saint-Quentin, de Douai, d'Arras et de Saint-Omer. Ce dernier doit être en grande partie du XIVe siècle; mais tous les autres appartiennent au XVe ou aux premières années du XVIe. Dans cette portion de la France, comme dans tout le reste de l'Europe septentrionale, le caractère de cette architecture du XVe siècle est une profusion presque folle de festons et de découpures, profusion de détail d'où résulte la lourdeur de l'ensemble. En somme, de brillantes qualités, mais plus de défauts que de qualités. Je dois pourtant signaler quelques échantillons de ce style qui m'ont paru d'une rare élégance et d'une exécution éblouissante, entre autres le portail latéral (sud) de Saint-Remi, construit par Charles VIII, et une partie intérieure d'un des transsepts (sud) de la cathédrale de Saint-Quentin, exécuté par ordre de Louis XI.

Quant au XVIe siècle proprement dit, je l'ai cherché vainement. Il y a pourtant, à ce que je crois, dans le département de l'Aisne, plusieurs châteaux de cette époque, tels que Cœuvres et quelques autres, que la mauvaise saison ne m'a pas permis de voir. Les seuls fragments du style de la renaissance que j'aie trouvés sur mon passage sont quelques décorations de chapelles, quelques balustrades ou jubés d'églises; je dois noter aussi le petit portail assez gracieux de Saint-Remi, à Laon, et une charmante petite galerie en ruine attenante à ce cloître de Saint-Jean-des-Vignes, de Soissons, dont je parlais tout à l'heure.

Telles sont, Monsieur le Ministre, les observations générales que je voulais vous soumettre sur le nombre et sur le caractère des monuments d'architecture que j'ai visités.

La sculpture et la peinture méritent à leur tour un examen particulier.

Je sais qu'aux yeux de bien des gens qui font autorité, c'est un singulier para- Sculpture.

doxe que de parler sérieusement de la sculpture du moyen âge. A les en croire, depuis les Antonins jusqu'à François Ier il n'a pas été question de sculpture en Europe, et les statuaires n'ont été que des maçons incultes et grossiers. Il suffit pourtant d'avoir des yeux et un peu de bonne foi pour faire justice de ce préjugé, et pour reconnaître qu'au sortir des siècles de pure barbarie il s'est élevé, dans le moyen âge, une grande et belle école de sculpture héritière des procédés et même du style de l'art antique, quoique toute moderne dans son esprit et dans ses effets, et qui, comme toutes les écoles, a eu ses phases et ses révolutions, c'est-à-dire son enfance, sa maturité et sa décadence.

Par malheur, les monuments de la sculpture sont encore plus fragiles que ceux de l'architecture. Les guerres de religion et nos tourmentes révolutionnaires ont laissé debout quelques édifices; elles n'ont presque point épargné de statues; et, d'ailleurs, ces statues n'eussent-elles pas représenté des personnages religieux et des sujets sacrés, de combien d'autres chances de destruction n'étaient-elles point entourées? Non-seulement elles étaient sculptées en pierre, souvent en pierre friable ou poreuse, mais encore on les plaçait plutôt en dehors qu'au dedans de l'église, du côté du portail; et, par conséquent, le vent d'ouest, la pluie, la grêle, et, dans l'été, la mousse et les lichens, tout devait contribuer à les altérer, à les ronger peu à peu. Aussi faut-il s'estimer heureux quand le hasard vous fait découvrir, dans un coin bien abrité, et où les coups de marteau n'ont pu atteindre, quelques fragments de cette noble et belle sculpture.

Ce plaisir, cette bonne fortune, j'en ai joui à Reims. Une partie du portail de la cathédrale exigeant quelques réparations, un échafaudage a été dressé jusqu'à mi-hauteur de la façade; je suis monté sur cet échafaudage, et, dans les enfoncements des ogives, des festons et autres ornements architectoniques, j'ai trouvé une profusion de bas-reliefs et de statues dont le style, le caractère et l'expression m'ont causé l'admiration la plus vive. Le costume, aussi bien que le genre de travail, annonce que ces figures sont du XIIIe siècle, l'âge d'or de notre sculpture nationale, et, grâce à la manière dont elles ont été abritées, elles sont presque toutes dans un état parfait de conservation.

A moins d'être monté sur cet échafaudage, il est impossible de se douter de l'existence de ces chefs-d'œuvre; ils sont à une si grande hauteur que, du bas de l'édifice, c'est à peine s'ils sont visibles. Dans la partie inférieure de la façade, il y a bien aussi des statues, mais elles ne sont guère propres à faire soupçonner celles que la vue ne peut atteindre. A très-peu d'exceptions près, elles ont été restaurées ou refaites, par des ouvriers médiocres, au XVe siècle et à d'autres époques. Il en est même beaucoup qui datent du sacre de Louis XVI.

Ce serait donc à la fois réhabiliter les auteurs de ce beau monument et la grande époque qui le vit élever, que de faire connaître au public, au moins par échantillon, quelles étaient les véritables sculptures de la cathédrale de Reims et du XIIIe siècle. Dans cette intention, j'ai prié M. Sérurier, l'architecte chargé de la restauration de la façade, de ne point faire enlever l'échafaudage avant le printemps, quoique les travaux soient terminés, et je vous demanderai la permission, Monsieur le Ministre, de faire mouler un certain nombre de ces bas-reliefs et statues. Je ne sache pas d'autre manière d'en donner une image vraiment fidèle. Le dessin le plus exact pourrait être accusé de supercherie; on sera forcé de se rendre à la vue d'une empreinte, d'une contre-épreuve.

Ce que je vous propose, Monsieur le Ministre, ne sera ni bien difficile ni bien coûteux : il suffira d'envoyer à Reims deux ouvriers mouleurs, intelligents et actifs; en quelques semaines, ils auront pris des creux des morceaux les plus remarquables. Les exemplaires qu'on en tirera seront déposés au Musée et, si vous l'autorisez, à l'École des beaux-arts et dans les écoles de dessin des départements, dont vous m'avez fait l'honneur de me confier l'inspection. Cette innovation aurait, je crois, les meilleurs effets; car l'ignorance de ce style national et l'étude exclusive de l'antique, quelque beau, quelque pur qu'il soit, sont assurément cause en partie de ce caractère abstrait et monotone qui, parmi nous, a déparé souvent les productions de la statuaire.

C'est un vrai service à rendre à l'art que de tirer de l'oubli ces morceaux de sculpture, qui, une fois l'échafaudage enlevé, ne pourront plus être étudiés de longtemps. Je ne sais même par quel miracle ils ont été conservés, car cette façade a subi, il y a six ans, une mutilation plus barbare que toutes celles que le protestantisme ou l'irréligion lui avaient déjà fait souffrir. MM. les architectes et décorateurs chargés de faire les apprêts du sacre de Charles X firent suspendre aux deux tours des cordes à nœuds, et cinq ou six maçons, attachés à ces cordes, furent chargés d'abattre à grands coups de masse toutes les têtes de saints qu'ils pourraient atteindre. On craignait que, le canon et les cris de fête ébranlant l'atmosphère, ces têtes ne vinssent à tomber sur celle du monarque au moment où il entrerait dans l'église. Grâce à ce raffinement de précautions, deux cents têtes environ vinrent se briser sur le pavé. Les habitants ramassèrent celles qui n'étaient pas trop défigurées. M. le sous-préfet de Reims m'a promis de faire quelques démarches pour en obtenir la restitution.

Indépendamment des statues de Reims, j'ai encore trouvé plusieurs fragments de sculpture d'un véritable intérêt. Je citerai notamment des dalles de pierre de différentes grandeurs, qu'on rencontre sous ses pieds dans l'église cathédrale de Saint-Omer, pêle-mêle avec les pavés. On y voit représentés des chimères, des sirènes, des oiseaux fabuleux, des arabesques de toute sorte et variés à l'infini; des éléphants armés en guerre, la tour sur le dos et les archers dans la tour; des fragments de zodiaque; puis des sujets bibliques, Dieu créant le monde, le soleil dans une main et la lune dans l'autre; enfin des chevaliers, la lance au poing, montés sur leurs coursiers; des pèlerins pieds nus, etc. Rien ne peut donner une plus fidèle image de ce mélange, de cette bigarrure de traditions, d'usages, de costumes mi-partie orientaux et européens qui s'emparèrent de l'Occident vers l'époque des croisades. Ces sculptures sont de la fin du XIIe siècle : les lettres dont se composent quelques fragments d'inscriptions ont une forme qui ne laisse pas de doute à cet égard. On vous dit pourtant dans le pays qu'elles ont appartenu à un temple païen, et qu'elles proviennent de Térouane, ancienne ville du voisinage, entièrement rasée par Charles-Quint. De ces deux traditions, la seconde n'a rien d'impossible; mais, pour la première, elle est tout à fait ridicule. Il suffit, je crois, de lire autour de quelques-unes de ces pierres cette inscription, « *Dedit istum lapidem ad honorem sancti Audomari episcopi Villelmus Wœssel,* » ou bien celle-ci, « *Ad honorem sancti Audomari episcopi Nicolaus filius Villelmi Wœssel,* » pour n'être pas tenté d'en faire honneur au paganisme.

Ces sculptures ont très-peu de saillie, et les parties creuses portent de nombreuses traces d'un colorage ou enduit noirâtre, ce qui fait ressortir vivement les parties en relief. Les figures sont d'un dessin énergique, pures comme l'antique, et pleines de mouvement; les arabesques, d'une variété et d'une finesse merveilleuses. Je ne sais quelle était la destination de ces pierres : faisaient-elles partie du pavé de l'église? étaient-elles incrustées dans la muraille? On ne saurait décider.

M. Wallez, professeur de dessin à Douai, a copié avec exactitude tous ces bas-reliefs, et compte les publier. Mais les originaux se détériorent chaque jour; le frottement des pieds finira par tout effacer. Si l'on offrait aux membres de la fabrique de faire remplacer ces pierres, d'un si grand prix pour l'histoire de l'art, par de simples pavés, je pense qu'ils ne s'y opposeraient pas; on les transporterait alors, soit à la bibliothèque, soit dans tout autre lieu où elles trouveraient un abri contre la dégradation. Si vous m'y autorisez, Monsieur le Ministre, j'essayerai de mener à bien cette petite négociation.

Comme modèle de ce genre de sculpture franc et hardi, il faut citer encore un débris du bas-relief qui remplissait le tympan à ogive de la porte du donjon de Coucy. Ce bas-relief représentait le trait héroïque de la famille des seigneurs de Coucy, c'est-à-dire Enguerrand Ier luttant contre un lion furieux, la terreur de la contrée. Il y a soixante ans, lorsque Lami fit son voyage, ce bas-relief était encore entier; il en a donné un dessin; mais, à en juger par ce qui subsiste, ce dessin est d'une inexactitude déplorable. Il ne reste aujourd'hui qu'un des côtés de l'encadrement et une bonne partie du lion. Ce lion, debout sur ses pattes de derrière, est jeté avec une hardiesse et un bonheur incroyables. Il offre, par la fierté de sa pose, une ressemblance vraiment surprenante avec les deux lions qu'on voit en Grèce sur une des anciennes portes de Mycènes.

Derrière le grand triangle de pierre qui surmonte le portail principal de Saint-Jean-des-Vignes, à Soissons, j'ai trouvé une suite de petites figures servant de culs-de-lampe, et sculptées avec une finesse et une grâce délicieuses. A Laon, dans une rue parallèle à la cathédrale, j'ai vu la plus jolie petite statue de vierge toute mutilée, et qu'on fait servir à accrocher le réverbère : la pose du corps et le jet des draperies sont du meilleur goût et indiquent le commencement du XIIIe siècle. J'ai encore remarqué à Laon un morceau de sculpture intéressant dans son genre : c'est un tombeau à l'entrée de la nef de l'église Saint-Martin, sur lequel Enguerrand Ier est sculpté couché dans son armure. Cette figure colossale a de la roideur et de la rudesse, mais je ne sais quoi de grandiose et d'imposant. On dirait que ce chevalier de pierre menace encore ces moines de Saint-Martin, qu'il traitait si durement pendant sa vie.

L'histoire de ce tombeau est des plus singulières. Enguerrand, en mourant, avait ordonné que son corps fût enterré dans l'église de l'abbaye : les moines, lui gardant rancune, refusèrent de le recevoir, et le tombeau qu'on voit aujourd'hui fut construit hors de l'église, devant le portail. Mais les Enguerrand se fâchèrent, et il y eut querelle acharnée entre le château et l'abbaye. Cependant le tombeau restait toujours en plein air, et ce ne fut qu'après cent ans de procès et de persécutions que les religieux se résignèrent à céder. Mais la ruse vint au secours de leur amour-propre. Que firent-ils? Ils jetèrent bas la façade de leur église et la reconstruisirent deux toises plus loin; de cette façon le tombeau ne fut plus à la porte, et les Enguerrand n'eurent rien à dire : mais les moines ne consacrèrent pas le nouveau portail, de telle sorte que leur ennemi n'en resta pas moins privé de la terre sainte.

Cette anecdote est confirmée par l'architecture de l'église. La façade en question porte les caractères du commencement du XIVe siècle, tandis que tout le reste de l'édifice est du XIIe. Peut-être aussi est-ce au désir de rappeler en partie le portail qu'on détruisait pour un si étrange motif, qu'il faut attribuer ces deux petits minarets octogones qui flanquent le portail actuel. Ils sont bien évidemment du XIVe siècle; et pourtant, dans les monuments exécutés et conçus à cette époque, on ne trouve guère de tourelles de cette forme. Au contraire, l'ancien portail ne pouvait manquer d'avoir ses deux minarets; c'est donc en son honneur pour ainsi dire qu'on en a donné au nouveau. Mais, tout en imitant, l'architecte du XIVe siècle est resté fidèle, en grande partie, à ses propres habitudes. L'idée d'imiter à la lettre, de copier avec érudition, de faire un trompe-l'œil historique, est une idée toute moderne, et qui ne serait jamais entrée dans les têtes du moyen âge.

Pour achever ce qui concerne la sculpture, je ne dirai qu'un mot des statues qui décorent le portail de cette église Saint-Martin, et ce ne sera pas pour en faire l'éloge. Des draperies indécises et déjà un peu tourmentées, un travail mou, des contours incorrects, voilà ce qui commence à déparer nos statues du XIVe siècle: au XVe siècle c'est encore pis; on tombe dans la mignardise et le contourné, non sans exceptions toutefois; car en tout temps il est des artistes qui ont le sentiment du beau et de la nature, et qui, en dépit des défauts de leur siècle, et tout en s'y laissant aller, savent empreindre leurs œuvres d'expression et d'originalité.

Si le XVIe siècle n'a laissé dans ces contrées presque aucun monument d'architecture, on ne doit pas s'attendre que j'y aie trouvé beaucoup de traces de son école de sculpture, si élégante et si gracieuse. Cependant je puis citer, à Soissons, dans les pendentifs des arcades attenantes au cloître de Saint-Jean-des-Vignes, de charmants médaillons renfermant des figures de femmes et de divinités; je n'oublierai pas non plus une belle statue de Gabrielle d'Estrées, en marbre blanc, qu'on voit à Laon dans la bibliothèque. Gabrielle est représentée quelque temps avant sa mort; son visage est souffrant, mais encore d'une grande beauté; ses vêtements et tous les accessoires sont traités avec une délicatesse extrême.

Mais, pour étudier la sculpture au moyen âge, ce n'est pas assez de connaître ce qu'il nous a laissé de statues et de bas-reliefs; il est une autre sorte de monuments non moins utiles à consulter: ce sont les empreintes des cachets et des sceaux suspendus aux chartes et aux diplômes. Là vous trouvez des témoignages authentiques de l'état de l'art aux différentes périodes. Les sceaux sont pour le moyen âge ce que les médailles et les pierres gravées sont pour l'antiquité, et ils ont de plus l'avantage de porter leur date. Or, en étudiant toute la série des sceaux des monarques et des seigneurs pendant le moyen âge, on reconnaît, dans le plus ou moins de perfection de la ciselure, dans le plus ou moins de beauté du dessin, les mêmes phases, les mêmes révolutions que nous venons de signaler en passant pour la sculpture. Là aussi vous trouvez, au XIIe siècle comme dans les premiers temps de l'art grec, de la roideur, des draperies à plis comptés et symétriques, des figures d'un type consacré soit par des rites religieux, soit par des préceptes d'école; puis, après le XIIIe siècle apparaît la liberté, la pureté du dessin, la souplesse des formes, la grâce, le mouvement et la vie; au XIVe siècle, la pureté s'altère, on exagère le mouvement, on brise les draperies; au XVe enfin, le raffinement va croissant, on se passionne pour le maniéré et pour les formes bizarres et contournées. Ce n'est point là un système: des expériences multipliées m'ont rendu, j'ose dire, familières ces diverses gradations de l'art durant le moyen âge, et, dans les collections de sceaux et de cachets que je viens de visiter, je n'ai trouvé que de nouvelles preuves à l'appui de ces observations. Les villes où j'ai vu ces collections sont: Laon, Cambrai, Lille, Arras et Saint-Omer. J'en parlerai plus en détail tout à l'heure, lorsqu'il sera question des archives.

Peinture.

Je veux maintenant dire quelques mots de la peinture. Plus périssable encore que la sculpture, elle a dû, comme sans doute on le devine, ne nous laisser que des traces bien effacées et bien rares. Je parle ici de la grande peinture, de la peinture monumentale sur pierre ou sur enduit; car, quant à la peinture telle qu'on l'entend aujourd'hui, la peinture de tableaux, elle n'est pas contemporaine de l'architecture et de la sculpture du moyen âge; elle est née plus tard et a fait son chemin isolément.

Toutefois, elle avait dès lors son précurseur pour ainsi dire dans un art aujourd'hui perdu, l'art de l'enluminure des manuscrits. C'est seulement sur le parchemin de ces missels et de ces psautiers coloriés au fond des cloîtres qu'il faut chercher les tableaux des XIIe, XIIIe et XIVe siècles. L'imagination riche et hardie qui brille souvent dans les encadrements fantastiques de ces tableaux, un dessin naïf et quelquefois piquant, une représentation fidèle des usages et des costumes du temps, enfin, d'admirables couleurs préparées, fondues et fixées merveilleusement, en voilà sans doute assez pour faire de cette branche de l'art un objet d'étude du plus grand intérêt: mais on se trompe si l'on croit que c'est là la peinture du moyen âge.

En effet, que peuvent avoir de commun ces chefs-d'œuvre de patience, ces ouvrages microscopiques, avec ces gigantesques monuments qu'élevaient et qu'habitaient des hommes gigantesques eux-mêmes? N'oublions pas qu'alors la société était divisée en deux mondes isolés et complétement différents, l'un tout à l'étude et à la patience, l'autre tout à l'action et à l'audace. Dans les cloîtres, on parlait la langue morte; dans les châteaux et les campagnes, un idiome jeune et plein de vie. Aussi, tandis que les peintres de cloîtres s'amusaient à fixer minutieusement un peu d'or et de couleur sur des feuilles de vélin, les peintres artistes, les véritables peintres de l'époque, les rivaux des architectes, des sculpteurs et des ciseleurs, procédaient plus hardiment et étalaient à grands traits l'or, les arabesques et les figures sur les murailles et sur les voûtes des châteaux et des églises.

On ne comprend pas l'art du moyen âge, on se fait l'idée la plus mesquine et la plus fausse de ces grandes créations d'architecture et de sculpture, si, dans sa pensée, on ne les rêve pas couvertes du haut en bas de couleurs et de dorures. De toutes les importations de l'Orient, il n'en est peut-être pas qui se soient répandues avec plus de faveur et plus universellement que le goût et le besoin des couleurs. On en vint à vouloir que tout fût coloré, tout, jusqu'à la lumière; et les rayons du soleil ne pénétrèrent plus dans les habitations qu'à travers du rouge, du jaune ou du bleu. L'usage des vitraux peints n'a pas eu d'autre origine; c'est la conséquence naturelle du nouveau système de décoration et de cette passion tout orientale pour la couleur. Déjà, aux VIIe et VIIIe siècles, au commencement du IXe, puis au XIe, cette passion avait fait quelques conquêtes, mais partielles et peu durables. Au retour de la croisade, la couleur triompha, et, pendant trois siècles, la France en fut amoureuse comme la Grèce l'avait été de tout temps.

En effet, de récents voyages, des expériences incontestables, ne permettent plus de douter aujourd'hui que la Grèce antique poussa si loin le goût de la couleur, qu'elle couvrit de peinture jusqu'à l'extérieur de ses édifices[1]; et pourtant, sur la foi de quelques morceaux de marbre déteints, nos savants depuis trois siècles nous la faisaient rêver froide et décolorée. On en a fait autant à l'égard du moyen âge. Il s'est trouvé qu'à la fin du XVIe siècle, grâce au protestantisme, au pédantisme et à bien d'autres causes, notre imagination devenant chaque jour moins vive, moins naturelle, plus terne pour ainsi dire, on se mit à blanchir ces belles églises peintes; on prit goût aux murailles et aux boiseries toutes nues, et, si l'on peignit encore quelques décorations intérieures, ce ne fut plus, pour ainsi dire, qu'en miniature. De ce que la chose est ainsi depuis deux ou trois cents ans, on s'est habitué à conclure qu'il en avait toujours été de même, et que ces pauvres monuments s'étaient vus de tout temps pâles et dépouillés comme ils le sont aujourd'hui; mais, si vous les observez avec attention, vous découvrez bien vite quelques lambeaux de leur vieille robe : partout où le badigeon s'écaille, vous retrouvez la peinture primitive.

Est-il besoin de dire que les moindres vestiges de cette peinture sont aujourd'hui du plus grand intérêt pour qui veut reconstruire dans sa pensée l'ensemble des arts du moyen âge? J'en ai trouvé quelques fragments d'une rare beauté et un grand nombre de moindre importance, mais qui, pour la solution de cette question archéologique, n'en ont pas moins beaucoup de prix.

[1] « Forts de toutes les expériences que nous « possédons, et que nos prédécesseurs, l'ingé- « nieux Winckelman lui-même, pouvaient à « peine présumer, nous oserons soutenir, sans « crainte de nous tromper, qu'il n'y avait pas, « dans toute la Grèce, un seul temple construit « avec soin et avec quelque luxe qui ne fût plus « ou moins coloré, c'est-à-dire peint de manière « à contribuer à l'effet et au riche aspect du mo- « nument par la couleur harmonieuse des par- « ties symétriques, surtout des parties supé- « rieures de la construction. Ceci s'applique spécialement aux temples construits avec des « pierres grises, monotones et sans apparence, « telles que les montagnes de la Grèce en four- « nissent le plus souvent. Cependant les temples « bâtis du marbre le plus solide, et offrant la urface la plus lisse, par exemple ceux d'A- « thènes, de Sunion, etc. étaient aussi forte- « ment enduits de couleur, du moins dans les « parties hautes, depuis l'architrave jusqu'au « haut de l'entablement, comme chacun peut « s'en convaincre en examinant attentivement le « temple de Thésée, le Parthénon, etc..... » (Brönsted, *Voyages et recherches dans la Grèce*, 2e livraison, 1830, page 145.) — Voyez aussi, sur le même sujet, la description du temple d'Apollon à Bassæ, par M. Stackelberg (*Der Appollotempel zu Bassae in Arcadien, und die daselbst ausgegrabenen Bildwerke; dargestellt und erläutert durch O. M. Baron von Stackelberg*, Rom, 1826); l'ouvrage de MM. Hittorf et Zanth; et enfin les beaux dessins que M. Huyot expose, pour faciliter ses démonstrations, dans la salle de l'Académie des beaux-arts où il fait son cours.

Voici la liste des monuments qui m'ont offert quelques débris de peintures plus ou moins remarquables :

1° *Le portail de la cathédrale de Senlis.* On y voit extérieurement de nombreuses traces d'un colorage assez délicat, surtout dans les parties creuses qui séparent les filets et les tores.

2° *Le portail de l'ancienne église des Minimes, à Compiègne.* Le tympan à ogive et les chapiteaux de ce portail sont encore totalement peints : les couleurs sont harmonieuses et d'une belle qualité.

3° *La cathédrale de Noyon.* Il suffit de gratter légèrement le badigeon pour retrouver, sur les piliers de la nef et du chœur, les anciennes couleurs. On voit en outre, dans la salle du chapitre attenante à l'église, des clefs de voûte colorées, et le fond d'une arcade ogive qu'on a oublié de badigeonner, et qui conserve, par conséquent, son ancienne décoration dans toute sa pureté. J'ai, surtout, remarqué dans cette peinture un large et beau galon oriental qui fait la partie principale de l'ornement, et sur lequel sont figurées de grosses perles ; enfin, dans l'ancien cloître en ruine, tous les chapiteaux et culs-de-lampe portent la trace des peintures de diverses couleurs dont ils étaient couverts.

4° *Saint-Pierre-à-l'Assaut, à Soissons.* Les quatorze chapiteaux qui subsistent encore dans cette chapelle en ruine sont tous peints en blanc et rose, ce qui n'est probablement pas la peinture primitive, des couleurs aussi fades étant bien rarement employées pour orner les chapiteaux à l'époque de la construction de cette chapelle, savoir, au XIIe siècle.

5° *Le cloître de Saint-Jean-des-Vignes, à Soissons.* Dans l'angle de ce cloître qui communiquait avec l'église, j'ai trouvé, derrière des décombres, une charmante porte sculptée au XIVe siècle, complétement peinte et dorée du haut en bas. Le mélange du feuillage, des pierreries et de la dorure, produit le plus charmant effet. Dans les ruines de l'église Saint-Jean, on voit aussi de nombreuses traces de peinture.

6° *Le portail de l'église Saint-Ived de Braisne.* Je connais peu d'anciennes peintures en meilleur état que celles de ce portail. Le vert et le rouge ont particulièrement conservé un éclat extraordinaire. Les vêtements du Christ et de la Vierge sont complétement dorés. Les anges et chérubins portent des tuniques garnies de galons dorés ; leurs cheveux sont également rehaussés d'or. La plupart de ces figures sont en relief et d'une exécution gracieuse et élégante.

7° *L'église Saint-Remy, à Reims.* Dans la nef de cette église, on voit six piliers qui portent, en guise de chapiteaux, de petites statues inclinées et assises. Ces statues représentent des personnages bibliques, Aaron, Moïse, David, etc. Elles sont revêtues de couleurs et de dorures extrêmement fines : en les lavant avec une éponge, j'ai fait raviver ces couleurs; la robe d'Aaron, les galons et les pierreries qui l'entourent, m'ont particulièrement frappé. Une boiserie a caché ces statues pendant plusieurs siècles ; sans cet heureux hasard, on les eût sans doute grattées et badigeonnées comme tant d'autres.

8° *Les ruines de Saint-Bertin, à Saint-Omer.* Le chœur de cette belle église conservait encore, il y a quelques années, les traces de sa décoration primitive : dépouillée de sa toiture et exposée à la pluie, le badigeon n'avait pas tardé à se détacher, et les anciennes peintures avaient reparu. J'en ai vu des fragments dans les parties de ce chœur qui subsistent encore. Ce sont des arabesques, des dessins d'ornements, des galons qui couvraient toutes les murailles; puis de grandes figures de saints, du genre de celles qu'on voit sur les anciens vitraux : ces personnages occupaient le fond de la petite galerie circulaire qui régnait autour de l'édifice. Sous chaque ogive on voyait apparaître une de ces grandes figures; c'était comme autant de spectateurs muets assistant aux saints mystères.

9° *Le portail de Saint-Martin, à Laon.* Si les sculptures de ce portail sont molles et sans caractère, le même défaut dépare les traces de peinture qu'on y remarque encore. On voit que ces couleurs ont toujours été fausses et indécises. Ce n'est pas que la peinture monumentale ait suivi pas à pas la sculpture et l'architecture dans leur forme et leur décadence (ainsi, l'on trouve encore au XVe siècle des décorations d'une grande hardiesse et d'un très-beau choix de couleurs); mais, néanmoins, c'est plus particulièrement au XIIe et au XIIIe siècle qu'on a excellé en ce genre.

10° *Les ruines du château de Coucy.* Dans l'intérieur des quatre grosses tours qui flanquent cet admirable château, et plus particulièrement dans le donjon ou grande tour qui s'élève au milieu, on aperçoit les traces les plus intéressantes de l'ancienne décoration intérieure. Non-seulement, à chaque étage et dans chaque pièce, vous retrouvez la preuve visible que les murailles étaient complètement peintes, mais rien ne serait si facile que de restaurer aujourd'hui ces peintures avec le seul secours des fragments qui se sont conservés. Ici ce sont des rosaces, là des branchages d'or enlacés de couronnes, puis, pour encadrement, des guirlandes, des galons, des festons ou bâtons croisés, des feuillages fantastiques. Ce qui donne à ces ornements un caractère tout particulier, c'est leur immense échelle : ils sont admirablement combinés pour produire de grands effets, même sous ces voûtes gigantesques.

Avant de terminer ce qui a rapport à la peinture du moyen âge, je devrais peut-être faire mention de l'art qui s'associait alors à elle et lui servait de complément, c'est-à-dire de la peinture sur verre. Mais on connaît trop bien la beauté, la richesse, l'étonnante conservation des vitraux de Reims, pour que j'en parle ici; or, à l'exception des vitraux de Reims, je n'ai rien vu en ce genre qui fût d'un grand prix pour l'histoire de l'art. Toutefois, je dois citer, dans la cathédrale de Soissons, la brillante rosace du transsept nord et neuf grandes fenêtres ogives qui éclairent les chapelles placées au fond de l'église derrière le chœur. Ces vitraux peuvent soutenir la comparaison avec ceux de Reims; il y en a même trois (ceux du nord) qui sont exactement du même style. Ils sont certainement contemporains de l'église, c'est-à-dire du XIIIe siècle. Les autres, qui appartiennent peut-être aussi à la même époque, ont pourtant un caractère un peu plus mignard : ce sont de petits sujets, de petites figures; mais la qualité des couleurs est aussi belle et aussi éclatante. Enfin je ne dois pas oublier non plus deux fenêtres de la cathédrale de Noyon, ou plutôt d'une salle basse voisine de cette cathédrale. Ces vitraux sont moins beaux que ceux de Soissons, mais cependant remarquables; je les crois du XIVe siècle. Quant à des verres peints au XVIIe siècle et d'une qualité inférieure, j'en ai trouvé un assez bon nombre ; mais il ne vaut pas la peine d'en parler.

§ II.

Conservation des monuments. Mesures à prendre.

Après ce long préambule, Monsieur le Ministre, j'aborde enfin la partie pratique de ce rapport, si je puis parler ainsi, c'est-à-dire ce qui regarde la conservation des monuments. Je vais passer en revue ceux que j'ai trouvés menacés, soit de tomber en ruine, soit d'être démolis, et qui, n'étant d'ailleurs dépourvus ni d'intérêt historique ni d'une certaine beauté, doivent appeler la sollicitude de l'administration.

A Senlis, la flèche de la cathédrale causait, il y a deux ans, d'assez graves inquiétudes; il avait fallu, par prudence, interdire la circulation des voitures à l'entour de l'église, et l'alarme était telle que, dans le conseil municipal, on parlait déjà de démolition. C'eût été grand dommage, car cette flèche toute en pierre est non-seulement très-belle, mais à peu près unique en son genre, dans tout le pays que je viens de visiter. Elle rappelle un des clochers de Saint-Denis, et plus encore certaines flèches de Normandie, entre autres celle qui s'élève au sud de la façade de l'abbaye des Hommes à Caen.

Heureusement la fabrique eut recours à l'évêque de Beauvais, et l'évêque au conseil général. Des fonds furent votés et le clocher réparé avec assez de soin et d'intelligence. Je crois cette restauration durable, surtout si on l'achève; il faudrait d'assez faibles sommes pour la terminer. Je tâcherai d'obtenir de M. le préfet de l'Oise qu'il intéresse MM. les membres du conseil général à la conservation de ce monument, l'un des plus précieux du département[1].

[1] On doit remarquer particulièrement dans cette église les petites chapelles groupées autour de l'abside ; leurs fenêtres sont sculptées à l'extérieur avec une finesse rare, et les petits cha-

Devant la façade de cette cathédrale, on voit, au milieu de quelques masures, les ruines d'un ancien château où saint Louis, dit-on, fit quelquefois sa résidence. Rien ne s'oppose à ce que cette tradition soit vraie, car ces ruines sont à coup sûr antérieures à saint Louis, d'un siècle pour le moins; mais il est assez difficile de se rendre compte de l'ensemble de la construction. Deux tours rondes crénelées lui donnent l'aspect d'une forteresse; des piliers et des colonnettes surmontées d'arcs plein-cintre la font prendre intérieurement pour une église; c'est qu'en effet les palais alors étaient des forteresses, et, dans les palais, il y avait des églises. Ce que j'ai remarqué de plus intéressant au milieu de ces ruines, ce sont de petites briques ou tuiles rouges, incrustées en zigzag et comme ornements sur quelques-unes des arcades, et d'autres de même espèce servant d'assises *à la romaine,* pour séparer, de dix pieds en dix pieds environ, les pierres taillées carrément dont sont construites les deux tours. Ces sortes d'incrustations de couleur, quoique fort en pratique dans l'architecture byzantine, ne paraissent pas s'être naturalisées généralement en Occident, comme la plupart des autres usages de cette architecture. Du moins les exemples en sont fort rares dans le nord-ouest de la France.

En somme, ces ruines ne sont pas sans une certaine valeur archéologique: malheureusement, elles appartiennent par moitié à deux propriétaires qui n'en sentent guère le prix, et qui probablement ne les laissent debout que parce qu'ils n'ont pas besoin de pierres. J'ai recommandé à M. le sous-préfet de Senlis de les encourager à respecter le plus longtemps possible leur propriété. Après tout, l'importance de ce monument n'est pas telle qu'il fallût faire des sacrifices à l'avance pour empêcher une démolition qui d'ailleurs ne paraît pas prochaine.

Il n'y a d'autres anciens édifices à Senlis que les églises des abbayes de Saint-Pierre et de Saint-Vincent; elles sont en ruine, de date assez récente, et n'offrent aucune espèce d'intérêt.

Quant aux monuments de Compiègne, ils sont tous en bon état de conservation. Il ne reste malheureusement aucun fragment de l'abbaye de Saint-Corneille. Un hôtel de ville assez médiocre et très-mutilé, mais encore solide; deux églises, l'une (Saint-Antoine), construction insignifiante de la même époque que l'hôtel de ville, c'est-à-dire des dernières années du XVe siècle ou des premières du

piteaux des colonnettes sur lesquelles elles reposent ressemblent, pour la netteté du travail et la variété du dessin, aux chapiteaux les plus élégants des arcades plein-cintre du XIIe siècle. Il y a aussi dans le portail, et notamment dans les tympans des deux petites portes latérales, des détails fort curieux à examiner. Enfin cette église, comme celle de Noyon, possède des collatéraux surmontés de galeries aussi larges, aussi spacieuses que l'étage inférieur, disposition fort ordinaire à l'époque du plein-cintre, mais d'une extrême rareté dans les édifices à ogives.

xvie siècle; l'autre (Saint-Jacques), monument curieux, en partie du xiiie siècle, en partie du xive et du xve[1]; telle est à peu près toute la richesse de Compiègne. On y voit cependant encore un charmant petit portail de l'ancien Hôtel-Dieu, ogive d'une grâce et d'une pureté toutes primitives; un grand magasin, jadis église des Minimes, et dont j'ai cité plus haut le portail, à propos de peintures qui le décorent[2]; enfin une énorme tour qui faisait partie des vieux remparts et qu'on appelle *la tour de la Pucelle*, parce que, dit-on, c'est en l'escaladant que Jeanne d'Arc se laissa prendre. De tous les monuments que je viens de citer, celui-ci est peut-être le plus en péril; ce n'est pas faute de solidité, il est assez massif pour durer encore mille ans; ce n'est pas non plus que son propriétaire le néglige; c'est au contraire parce qu'il en a trop de soin. Il s'occupait, lors de mon passage, à faire boucher en pans de bois une large et belle échancrure qui divisait cette tour du haut en bas; puis il allait la faire recrépir, la couvrir d'un grand toit de pigeonnier, et établir dans cette vaste rotonde, divisée par étages, un salon de trois cents couverts, des billards, des salles de danse. Heureux, me dit-il, de

[1] Tout l'extérieur de l'église, savoir, les chapelles collatérales, les fenêtres, les combles, les balustrades qui entourent les combles, et enfin le portail et les tours non achevées, sont l'ouvrage du xve siècle et portent l'empreinte de son goût indécis et abâtardi. Mais il y a dans l'intérieur le noyau de l'édifice, pour ainsi dire, savoir, la nef et le chœur qui appartiennent au xiiie siècle; du moins les piliers qui supportent les arcades ogives ont encore cet aspect robuste, cette variété de chapiteaux qui se marient ordinairement au plein-cintre. Les ogives elles-mêmes sont toutes massives et à gros boudins, comme dans la cathédrale de Senlis. Un autre point de ressemblance entre ces deux églises, c'est que leurs collatéraux se terminent, du côté des transsepts, par une arcade ogive extrêmement recourbée vers sa base et presque en fer à cheval. La même ogive se retrouve *à la même place* dans la cathédrale de Noyon, et dans ces trois églises il n'y a pas d'autres arcades ogives de cette forme. Cette observation, quoique fort minutieuse, n'est pas sans intérêt quand on étudie toutes les variétés de l'ogive et ses différents emplois.

Il y a cette différence entre l'église Saint-Jacques de Compiègne et la cathédrale de Senlis, que la nef de Saint-Jacques est longue et le chœur extrêmement court, tandis qu'à Senlis le chœur est assez profond, et la nef, au contraire, singulièrement courte. Le plan offre le dessin d'une croix grecque; celui de Saint-Jacques est en forme de croix latine.

On remarque dans cette église un petit tableau fond d'or, dans la manière de l'ancienne école allemande, qui n'est pas sans mérite; c'est un Jésus faisant toucher sa plaie, non à saint Thomas, mais à sa mère et à saint Jean. Un autre tableau très-grand, un peu rougeâtre, mais qui ne manque pas de style et de chaleur, représente Jésus-Christ chez Joseph d'Arimathie.

[2] Cette ancienne église est aujourd'hui la propriété de deux personnes qui l'ont séparée en deux, et qui en ont fait, l'une un magasin, l'autre une espèce d'entrepôt ou de hangar. Il serait fâcheux qu'elle vînt à être détruite. La corniche de la nef est d'une grande élégance; ce sont de petites ogives à vive arête faisant l'office de modillons et disposées en ressaut avec beaucoup de goût. La fenêtre qui surmonte le porche est aussi très-remarquable par le caractère et la qualité de ses moulures et de ses ornements sculptés.

pouvoir faire tout cela en mémoire de la Pucelle et pour l'honneur de la ville de Compiègne !

Entre Compiègne et Noyon, on aperçoit sur la droite un monument célèbre, l'antique abbaye d'Ourscamp, aujourd'hui magnifique filature. Les bâtiments claustraux, pour la plupart assez modernes, sont occupés par des métiers ; l'église est en ruine, mais sous la garde de personnes de goût, qui l'épargnent et la respectent. On a conservé, sans chercher à en tirer trop grossièrement parti, une grande et belle salle, dite la salle des *Morts* ou des *Mores*, car on varie sur le sens du mot. Après avoir examiné les proportions et la disposition de cette salle, je ne crois pas que, comme on le raconte, elle ait été destinée à exposer les religieux du couvent après leur mort ; elle devait plus probablement servir de grande salle de chapitre, et, par exemple, pour les assemblées générales de l'ordre des bénédictins de Picardie, dont Ourscamp était en quelque sorte le chef-lieu. Elle forme un très-vaste parallélogramme ; un double rang de piliers la divise en trois longs et larges vaisseaux ; ces piliers, très-espacés, très-élevés, à chapiteaux simples et uniformes, donnent naissance à des voûtes ogives des plus sveltes et des plus hardies. La porte placée au milieu est une simple ogive à peine ornée de quelques filets unis et sévères.

L'ancienne église est beaucoup moins bien conservée ; il ne reste vestige ni de la nef ni des collatéraux ; le chœur seul subsiste encore, mais dépouillé de sa toiture ; les voûtes à demi écroulées. Les ogives sont pures et se posent sur de gros piliers à chapiteaux simples et uniformes. La salle des *Mores* doit être une construction du milieu du XIIIe siècle ; le chœur de l'église peut aussi appartenir à cette époque. Au reste, je le répète, ces ruines sont entre bonnes mains ; elles n'ont à craindre que les hivers[1].

Les édifices de Noyon ne courent pas même ce danger : de bonnes couvertures, des fondations inébranlables, un entretien annuel suffisant, assurent à la cathédrale une très-longue durée. Je ne m'arrêterai donc pas à décrire ce bel édifice, puisqu'il est inutile d'intéresser en sa faveur. Ailleurs je parlerai des grands caractères de transition qui le distinguent, de son portail et de ses tours noires et sévères, de sa nef dont les arcades, quoique ogives, reposent alternativement sur un pilier et sur une colonne, comme au temps du plein-cintre, des grandes galeries à chapiteaux variés qui règnent au-dessus de tous les collatéraux, et de tant d'autres singularités de détail qui font de ce monument un précieux objet d'étude.

[1] A la place des piliers de la nef qui n'existent plus, on a planté deux rangées de peupliers qui ont déjà atteint une grande élévation. Dans l'été, cette nef de verdure doit se marier admirablement avec les ruines du chœur, dont les colonnes et les arceaux à jour semblent suspendus en l'air.

A l'époque des guerres de la commune contre l'évêque, cette église avait été fortifiée et hérissée de tourelles. Il reste encore un long pan de mur crénelé, d'un style superbe et parfaitement exécuté. Toutefois il n'est pas contemporain des premières querelles de la commune, car il n'a guère été construit qu'à l'entrée du XIIIe siècle. Derrière le mur, il y avait un charmant petit cloître de la même époque, attenant à l'église: on l'a démoli il y a un an ou deux, sans nécessité, sans motif, par pure envie de mal faire; cependant on m'a promis de respecter deux ou trois arcades qui ont échappé à la destruction. Quant à l'hôtel de ville, presque semblable à celui de Compiègne par le style et par la date (1499), il est à peu près aussi solide; le fût-il moins, il n'y aurait pas lieu de beaucoup s'en inquiéter [1].

Maintenant, Monsieur le Ministre, nous allons arriver devant une série de monuments qui ont tout autrement besoin de votre assistance; car, faute de secours, ils sont en danger de mort. Le premier de tous est le cloître de Saint-Jean-des-Vignes. Le chœur et la nef de l'église démolis, les matériaux enlevés, le terrain nivelé est aujourd'hui prêt à recevoir un parc d'artillerie. Les officiers du génie prétendent que, pour loger à l'aise leurs canons, il leur faut abattre encore ce qui reste du cloître; je dis ce qui reste, car des quatre galeries ou promenoirs dont se composait ce cloître, il en est une qui a déjà disparu, et c'est précisément ce qui rend tout à fait inutile la démolition projetée; car la cour du cloître est maintenant ouverte et se confond d'un seul gazon avec le terrain déblayé. Que gagnerait-on à la démolition des trois galeries subsistantes? trois bandes de terrain de huit à neuf pieds d'épaisseur tout au plus, ce qui est à peu près imperceptible dans un si vaste local. Je sais que, si le besoin du service militaire l'exigeait impérieusement, il faudrait se résigner à voir abattre ces galeries, fussent-elles encore plus élégantes et mieux sculptées; mais j'ai lieu de croire que ce n'est nullement par nécessité et seulement par goût de propreté, par envie de faire place nette et faute de savoir la valeur de ces ruines, que MM. les officiers du génie ont formé le projet de les abattre. Aussi ai-je lieu d'espérer qu'ils se rendront à mes prières, surtout si vous voulez bien, Monsieur le Ministre, y joindre une invitation de votre part de ne porter la main sur ce joli monument que dans le cas d'une absolue nécessité.

[1] Il y a, dans l'escalier de cet hôtel de ville, un cul-de-lampe d'une obscénité incroyable. Comme bien l'on pense, le personnage obscène est un moine; les bourgeois, dès qu'ils en avaient le pouvoir ou l'occasion, manquaient rarement de s'égayer aux dépens des habitants des cloîtres. Sous le portique de l'hôtel de ville de Saint-Quentin, on voit des singes en habits de moine, gesticulant dans des chaires à prêcher. Du reste, ce cul-de-lampe sculpté est tout ce que j'ai trouvé de remarquable dans l'hôtel de ville de Noyon; la façade est complétement mutilée et presque complétement dépouillée de ses ornements.

Quant au portail de l'église et aux deux grands clochers qui, plus heureux que la nef et le chœur, ont été laissés debout, on ne parle pas encore de les démolir; mais leur tour viendra, si vous n'y mettez bon ordre. Ce ne sont ni les moulures admirablement sculptées, ni le beau style des ornements qui décorent ce portail tout entier et les clochers jusqu'à leur mi-hauteur, qui leur feraient obtenir grâce; j'oserais, tout au plus, compter sur l'utilité dont peuvent être ces hautes aiguilles pour les ingénieurs du cadastre et pour les reconnaissances en cas de siége.

Il est encore à Soissons plusieurs édifices menacés; mais, en intercédant pour eux, je me flatte de pouvoir les sauver. Je serai aidé dans cette bonne œuvre par M. Gencourt, architecte de la ville, plein d'amour et de zèle pour les monuments historiques Il m'a promis de faire continuellement sentinelle, non-seulement dans la ville, mais dans les campagnes d'alentour, où se trouvent en assez bon nombre des églises d'une grande ancienneté.

En sortant de Soissons, à quatre lieues sur la route de Reims, on entre à Braisne, petite ville où, vers le milieu du XIIe siècle, un frère de Louis le Jeune, Robert de France, comte de Dreux, premier du nom, et son épouse, Agnès de Baudiment, comtesse de Braisne, posèrent les fondements d'une grande et belle église, qu'ils consacrèrent à saint Ived[1]. Les reliques de ce bienheureux y furent transportées; et, après la mort des fondateurs, leur fils Robert II continua la construction à peine ébauchée et y mit la dernière main. Haimard de Provins, évêque de Soissons, en fit la dédicace en 1216. Depuis ce temps jusqu'en 1282, cette église devint une sorte de succursale de Saint-Denis; du moins, elle donna successivement la sépulture à dix membres de la lignée royale. Le dernier qui s'y fit enterrer fut Robert IV, en qui s'éteignit la postérité masculine des comtes de Dreux et de Braisne.

Indépendamment de cette illustration historique, l'église de Braisne a toujours été très-renommée comme œuvre d'architecture. Elle n'a pourtant pas encore l'élévation, la pureté, la simplicité grandiose des églises du XIIIe siècle proprement dit; je ne lui ai point trouvé non plus le charme qui me séduit dans certains monuments de transition, où le plein-cintre et l'ogive s'entrelacent pour

[1] Outre l'église de Saint-Ived, on voit à Braisne, ou du moins à un quart de lieue de la ville, sur la hauteur, les ruines d'un ancien château du XIIe ou XIIIe siècle, qu'on appelait, je ne sais pourquoi, *la Folie de Braisne*. Le château est assez petit, les fossés sont profonds, les tours sont hautes, mais non pas cependant d'une élévation gigantesque. Il n'y a rien là-dedans qui ressemble à une *folie*. Au reste, le propriétaire actuel de la *Folie* la conserve et l'entretient fort sagement. L'ancienne cour intérieure ou place d'armes est convertie en un jardin coupé de petits massifs et de petites allées. Une porte défend l'entrée de la forteresse contre les vagabonds et les démolisseurs. De cette hauteur la vue est admirable.

ainsi dire, et luttent de grâce et de noblesse : mais une belle distribution, une régularité parfaite, des détails délicats et ingénieux, quoiqu'un peu monotones; enfin la date de la fondation (1152), qui, mise en regard de l'unité constante du plan, atteste chez le premier architecte un génie singulièrement précoce et hardi pour cette époque de tâtonnements et de transitions; voilà certainement bien des motifs pour qu'on s'intéresse à l'église de Braisne, qui, à demi démolie pendant la révolution, ne peut manquer de s'écrouler si on ne lui prête secours.

Le dernier gouvernement l'avait prise en affection, peut-être à cause de sa beauté, plus probablement à cause de ses dix tombes royales. Le 11 septembre 1827, la restauration de l'église fut mise en adjudication. Le devis convenu s'éleva à 72,319 francs. Depuis ce temps, on a exécuté des travaux pour 51,549 francs, et l'on reconnaît maintenant qu'il faudrait dépenser une somme encore plus forte, c'est-à-dire environ 60,000 francs, pour achever complétement la restauration. Ce résultat est décourageant; et, en ce moment surtout, il ne serait pas opportun de s'engager dans ces nouvelles dépenses; mais on ne peut, je crois, se dispenser de continuer les payements jusqu'à concurrence du montant de l'adjudication de 1827. Avec ce reste de secours, il y a moyen, selon moi, de mettre le monument dans un état de conservation au moins provisoire, ainsi que je tâcherai de vous en donner la preuve, Monsieur le Ministre, dans un rapport particulier à ce sujet.

Des constructions plus importantes encore avaient été entreprises dans la ville de Reims, non-seulement pour faire quelques réparations à la façade de la cathédrale, comme je l'ai dit plus haut, mais, d'une part, pour restaurer et consolider l'antique et belle église de Saint-Remi; d'autre part, pour décorer et mettre à neuf la petite chapelle de l'archevêché.

Saint-Remi est un monument d'une si haute importance historique, et son architecture est à la fois si noble, si originale, si variée et si instructive, qu'il y aurait sacrilége à l'abandonner. Je n'ai jamais vu de monument où l'on pût mieux distinguer et lire plus couramment, pour ainsi dire, les différentes dates de sa construction. Relevée de fond en comble par l'abbé Hérimart, de 1041 à 1049, il ne reste de cette ancienne construction que les grosses murailles, et en quelque sorte la carcasse de l'édifice. En 1162, on recouvrit d'une épaisseur de pierres taillées à la moderne tout l'intérieur de la nef, et l'on construisit à neuf le rond-point, le chœur et le portail; enfin l'archevêque Robert de Lénoncourt éleva, en 1481, le transsept sud tout entier. Toutes ces soudures, à dates certaines, sont d'un extrême intérêt pour l'histoire de l'art, sans compter que le style général de l'édifice suffirait pour faire souhaiter vivement sa conservation. 105,000 francs ont déjà été dépensés; pour que les travaux soient mis à fin, il faut encore en dépenser 115,000. Mais les réparations, quoique toutes nécessaires, ne sont pas toutes également urgentes. J'aurai l'honneur de vous proposer, Monsieur le Ministre, les moyens de continuer cette restauration, de telle sorte que, sans exiger dès à présent de trop fortes sommes, la solidité de l'église ne puisse être compromise.

Quant à la *chapelle de l'archevêché*, on ne la restaure pas, on la décore; et jusqu'à un certain point ces travaux peuvent sembler commandés plutôt par le luxe épiscopal que par l'intérêt de l'art. Mais tel est le goût exquis, la parfaite convenance, le sentiment tout historique qui préside à cette décoration, commencée sous les auspices de Mazois et continuée par son élève M. Robelin; tel est d'ailleurs l'état d'avancement des travaux, que ce serait vraiment dommage de ne point les achever. Les fonds proviennent de trois sources, du ministère de l'intérieur, du ministère des affaires ecclésiastiques, de l'intendance de la maison du Roi. Aussitôt qu'il se trouvera quelques sommes disponibles dans l'un de ces trois départements, il est à désirer qu'on les consacre à terminer cette décoration.

Au reste, ce sont là les seuls travaux qu'il convienne d'autoriser à Reims. M. le maire de la ville m'a parlé d'un plan suivant lequel l'arc de triomphe romain, qui se trouve aujourd'hui enclavé dans le rempart, serait rendu à sa première destination, et servirait d'entrée à la ville, au lieu de la Porte-Mars, qui est à côté. Un tel projet n'aurait que des inconvénients, et jamais dépense n'aurait été plus inutile. D'abord, cet arc de triomphe, tout mutilé, fait un assez bel effet comme bas-relief; il n'aurait ni formes ni style comme monument isolé; en second lieu, il a été consolidé et peut subsister encore longtemps dans l'état actuel; il s'écroulerait infailliblement si seulement une charrette passait sous sa voûte. Ainsi, les choses doivent rester comme elles sont, et il ne faut plus songer au plan projeté.

De Reims je suis allé à Laon. J'ai trouvé la cathédrale bien entretenue[1], et

[1] Le bon état d'entretien de l'église Notre-Dame de Laon, signalé par M. l'inspecteur général en 1831, n'était qu'apparent. Un examen plus complet de la situation de cet édifice n'aurait pas manqué de révéler au savant archéologue les désordres graves qui menaçaient déjà de ruiner l'admirable édifice dont la chute n'a pu être prévenue, il y a quelques années, qu'à l'aide de sacrifices considérables.

En effet, bâtie à une époque où l'architecture gothique ne s'était pas encore perfectionnée par l'expérience, cette église offrait quelques vices de construction assez graves, surtout dans sa façade. Les deux tours qui flanquent cette façade à l'occident reposaient sur des bases dont la résistance paraît avoir été mal calculée dès l'origine. Les piliers à l'entrée de la nef, et qui forment un des quatre points d'appui de chacune des tours, menaçaient de céder à un déversement accompagné de l'écrasement des assises inférieures. Les arcs dépendant de ces piliers et les contre-forts des tours avaient participé à ce mouvement, qui aurait inévitablement entraîné la destruction de la façade sans un étayement provisoire qui fut ordonné vers 1845. En même temps, le Goul'église Saint-Martin, qui, quoique moins renommée que la cathédrale, est bien aussi intéressante, en état de parfaite conservation. Mais le conseil municipal a décidé, je ne sais pourquoi, qu'on démolirait prochainement une grosse tour dont j'ai parlé, et qui faisait, dit-on, partie des anciennes fortifications du temps de Louis d'Outre-mer. Cette tour est au milieu de la ville, mais ne gêne pas la circulation; et je ne vois pas de quoi on peut l'accuser, si ce n'est peut-être d'interrompre l'alignement. J'espère qu'on reviendra sur ce projet de démolition.

C'est encore par amour pour l'alignement qu'à Saint-Quentin on a résolu d'abattre la façade de l'hôtel de ville. Cette façade, bâtie en 1500 environ, est d'un travail très-délicat; les proportions sont élégantes, et de jolis détails de sculpture achèvent de lui donner beaucoup de prix. On veut la démolir, parce qu'elle fait saillie de quelques pieds sur les maisons voisines; et notez que les maisons voisines, et toutes celles de la longue rue où se trouve placée cette façade, sont elles-mêmes en zigzag et sans la moindre régularité. On ne gagnerait à priver la ville de ce joli monument que le plaisir d'apercevoir de cent pas plus loin le portail de la cathédrale, chef-d'œuvre de mauvais goût et de lourdeur. Assurément, si MM. les membres du conseil des bâtiments civils, qui ont approuvé le plan de démolition, avaient visité les lieux, jamais ils n'auraient donné leur assentiment à pareille barbarie. Il est vrai que la conservation de cette façade rendra un peu plus difficile la distribution intérieure de l'hôtel de ville, qui doit, pour les besoins du service, être agrandi et remis à neuf; mais je crois avoir prouvé à M. le maire qu'avec un peu d'adresse rien n'était plus aisé que de lui faire des bureaux et un cabinet commodes et bien éclairés, tout en conservant ces vieilles baies de fenêtres ogives. J'ose donc espérer, Monsieur le Ministre, que le plan sera révisé, et qu'au lieu d'un hôtel de ville à pilastres, à fronton, d'un style bien plat et bien froid, la ville de Saint-Quentin conservera celui que lui a légué le moyen âge, avec sa façade spirituelle et pittoresque.

En entrant dans la cathédrale de Saint-Quentin, qui, par parenthèse, est aussi bonne à connaître en dedans que son portail est bon à ne pas voir, je n'ai

vernement faisait poursuivre les études nécessaires pour conserver ce précieux édifice, qui accusait en outre des dégradations importantes dans ses autres parties. La tâche était ardue, et longtemps on put douter de la possibilité de reprendre en sous-œuvre des piliers cédant sous le poids d'énormes constructions. Un devis général de la restauration complète, étudié avec le plus grand soin, évaluait la dépense à 2,005,926 francs. La réparation de la façade entrait dans cette évaluation pour 606,000 fr. C'est celle qu'on dut entreprendre sans aucun retard. Aujourd'hui l'édifice est sauvé ; cette entreprise périlleuse, conduite avec hardiesse par un habile architecte, a complétement réussi, et les travaux sont poursuivis avec activité.

pu me défendre d'un certain sentiment d'effroi; il me semblait que les voûtes tombaient sur ma tête, et l'illusion n'était pas trop déraisonnable, car les grands piliers du point d'intersection, ceux qui par conséquent supportent tout le fardeau de l'édifice, ne sont guère plus droits ni plus d'aplomb que le dos d'un dromadaire; il y a des points où l'enflure de ces piliers est de plus de deux pieds. Heureusement, on me montra de forts tenons de fer qui enlacent les voûtes en tout sens comme un réseau; et ce qui ne contribua pas moins à m'ôter toute inquiétude pour le monument, ce fut d'apprendre que Henri IV, en le visitant, avait éprouvé la même sensation que moi; un *statu quo* de deux cent cinquante ans est, en architecture du moins, un assez bon brevet de longue vie[1].

J'arrive maintenant à la ville où le cœur m'a le plus saigné; car, si je suis parvenu à obtenir une espèce de trêve des démolisseurs, je n'en ai pas moins trouvé le terrain déjà couvert d'un monceau de décombres et les pierres tombant encore devant mes yeux. Cette ville, c'est Saint-Omer, et le monument qu'on respectait si bien, l'église de l'ancienne abbaye de Saint-Bertin, ce monastère où le dernier des Mérovingiens fut enfermé par Pepin, et où François Ier et tant d'autres rois vinrent plus d'une fois prendre logis. Vendus il y a environ trente ans à des spéculateurs, les bâtiments claustraux furent tous rasés, et il ne resta que l'église, dont on avait enlevé les plombs, la couverture, la charpente et les fenêtres. Cette grande cage toute à jour était du plus bel effet et causait aux voyageurs une vive admiration. Mais le conseil municipal, qui probablement ne partageait pas cette admiration, ordonna, il y a trois mois environ, que l'église serait démolie dans l'hiver; et vite, à l'aide de la mine et de la pioche, on se mit en besogne. C'était, disait-on, une occupation comme une autre pour les pauvres gens sans ouvrage, et d'ailleurs on avait besoin de pierres et de moellons pour bâtir le nouvel hôtel de ville, dont le conseil municipal a décidé la construction. M. le maire m'a dit encore, pour motiver cette démolition, que les propriétaires voisins la demandaient à grands cris, parce que ces arcades, suspendues en l'air, menaçaient d'écraser leurs maisons, et que chaque jour il arrivait des accidents dans l'intérieur des ruines. Une telle raison serait très-valable, sans doute; mais je n'ai aperçu de maisons qu'à une assez grande distance de l'église; et, pour prévenir les accidents dont on parle, il suffisait d'entourer les ruines d'un simple treillage en bois, et au besoin d'y poser une sentinelle.

Quoi qu'il en soit, lorsque j'arrivai en toute hâte à Saint-Omer, déjà la plus

[1] Au fond de cette cathédrale, derrière le chœur, il y a cinq chapelles ravissantes, d'un goût et d'un dessin tout à fait mauresques; il est si rare de trouver ce caractère dans notre architecture à ogive, qu'il faut prendre note des exemples qu'on en rencontre par exception. Du reste, il faudrait un dessin pour faire sentir ce qu'il y a de particulier dans la coupe et l'arrangement des ogives qui servent d'entrée à ces cinq petites chapelles.

grande partie du chœur avait été renversée par la mine; et ce qui restait devenait, faute de point d'appui, hors d'état de tenir debout; il a donc fallu se résigner à laisser achever la destruction des deux ou trois arcades que la mine n'avait pas encore atteintes. Heureusement, M. le maire m'a promis qu'on n'irait pas plus loin, que les démolisseurs seraient renvoyés, et qu'on respecterait la tour, le portail et la nef. Cependant, je ne vous cache pas, Monsieur le Ministre, que les habitants de Saint-Omer sont en général très-mal disposés pour ces ruines; je n'ai guère trouvé, à mon grand dépit, que quelques familles anglaises qui sympathisassent avec elles et voulussent les sauver : quant aux habitants proprement dits, leur désir est que l'église fasse place à un *marché aux veaux* qu'ils sollicitent et qu'ils trouveraient très-bien situé dans cette grande enceinte. Il y a donc encore à trembler pour les ruines de Saint-Bertin, à moins qu'on ne découvre quelque autre local favorable pour un *marché aux veaux.*

On a si peu d'amour à Saint-Omer pour les vieux monuments, qu'on soupire après la démolition de l'hôtel de ville actuel, dont les parties les plus anciennes ont déjà été détruites, il y a peu d'années, et qui, tel qu'il est, offre encore d'assez jolis détails des XIVe et XVe siècles. On ne sera heureux que quand on verra s'élever sur ses débris un joli hôtel de ville, bien blanc et bien régulier. Déjà la ville avait amassé 40,000 francs pour cette belle œuvre, et l'on devait commencer au printemps; mais, par bonheur, les fonds publics ont baissé, et les magistrats ont sagement pensé qu'il valait mieux acheter de bonnes rentes à la ville, avec les 40,000 francs, que de renverser et de tailler des pierres. Ce sont quelques années de répit pour le pauvre hôtel de ville.

A Boulogne-sur-Mer, ville où l'on apprécie les arts presque autant qu'on les néglige à Saint-Omer, on respecte les monuments; malheureusement il y en a peu; le seul que j'y aie remarqué avec quelque intérêt n'a guère que trente ans d'existence : c'est cette fameuse colonne de marbre que l'armée du camp de Boulogne fit construire pour célébrer la création de l'ordre de la Légion d'honneur. Les habitants de Boulogne demandaient, il y a quelque temps, aux Chambres, qu'on fît achever ce monument; il faudrait une somme si légère, ce me semble, pour satisfaire à leur requête, qu'on ne saurait la leur refuser. Cette colonne, élevée sur la falaise, est d'un effet grandiose; elle est bâtie en matériaux admirables, taillés et travaillés avec perfection[1]; qu'on la laisse inachevée, elle se dégradera; qu'on termine le peu de travaux restés en suspens, elle durera des siècles.

[1] Le marbre dont est construite cette colonne, et qu'on a nommé *marbre Napoléon*, est susceptible d'un assez beau poli; il est dur et compacte. En montant l'escalier qui tourne intérieurement autour de la colonne, on a plaisir à contempler ces grandes pierres si bien taillées et si merveilleusement jointes; mais, d'un autre côté, on souffre de voir l'eau tomber en cascade sur les marches de l'escalier, faute d'une porte fermant assez bien pour arrêter la

En terminant ici ce qui concerne les monuments et leur conservation, laissez-moi, Monsieur le Ministre, dire encore quelques mots à propos d'un monument plus étonnant et plus précieux peut-être que tous ceux dont je viens de parler, et dont je me propose de tenter la restauration. A la vérité, c'est une restauration pour laquelle il ne faudra ni pierres ni ciment, mais seulement quelques feuilles de papier.

Reconstruire ou plutôt restituer dans son ensemble et dans ses moindres détails une forteresse du moyen âge, reproduire sa décoration intérieure et jusqu'à son ameublement, en un mot lui rendre sa forme, sa couleur, et, si j'ose dire, sa vie primitive, tel est le projet qui m'est venu tout d'abord à la pensée en entrant dans l'enceinte du château de Coucy. Ces tours immenses, ce donjon colossal, semblent, sous certains aspects, bâtis d'hier; et, dans leurs parties dégradées, que de vestiges de peinture, de sculpture, de distributions intérieures! que de documents pour l'imagination! que de jalons pour la guider avec certitude à la découverte du passé, sans compter les anciens plans de Ducerceau, qui, quoique incorrects, peuvent être aussi d'un grand secours!

Jusqu'ici ce genre de travail n'a été appliqué qu'aux monuments de l'antiquité. Je crois que, dans le domaine du moyen âge, il pourrait conduire à des résultats plus utiles encore; car, les inductions ayant pour base des faits plus récents et des monuments plus entiers, ce qui n'est souvent que conjectures à l'égard de l'antiquité deviendrait presque certitude quand il s'agirait du moyen âge; et, par exemple, la restauration dont je parle, placée en regard du château tel qu'il est aujourd'hui, ne rencontrerait, j'ose le croire, que bien peu d'incrédules.

Quant au château lui-même, quoique en ruine depuis deux cents ans, il est heureusement à l'abri de toutes dégradations nouvelles; car il fait partie des domaines du roi, et Sa Majesté le fait conserver avec un respect religieux.

Arrivé au terme de ce long rapport, je vous demanderai la permission, Monsieur le Ministre, de retracer sommairement les diverses propositions que je viens d'avoir l'honneur de vous soumettre.

Voici ces propositions :

1° Envoyer à Reims, vers le commencement d'avril, deux ouvriers mouleurs pour prendre des creux de statues et bas-reliefs dont je donnerai l'indication;

2° Faire demander par les autorités municipales de Saint-Omer, aux membres de la fabrique de la cathédrale, qu'ils laissent transporter à la bibliothèque,

pluie sur la petite terrasse qui surmonte la colonne. Il ne reste à terminer que ces petits détails, si nécessaires à la conservation d'un monument, et quelques gradins qui entourent a base de la colonne.

ou en autre lieu sûr, les pierres sculptées qui font partie du pavé de leur église, sauf à substituer des pierres neuves et unies à celles qu'on enlèverait;

3° Inviter MM. les officiers du génie militaire à ne faire abattre le cloître de Saint-Jean-des-Vignes, à Soissons, que dans le cas d'une nécessité absolue;

4° Autoriser la continuation des travaux dans les églises de Saint-Ived, à Braisne, et de Saint-Remi, à Reims, tout au moins pour mettre ces édifices à l'abri d'une dégradation imminente;

5° Permettre, dès qu'il y aura des fonds disponibles, qu'on achève la décoration de la chapelle de l'archevêché, à Reims;

6° Demander au conseil municipal de Laon de renoncer, à moins de raisons urgentes, au projet de démolir la tour de Louis d'Outre-mer;

7° Demander également que le projet de démolition de l'hôtel de ville de Saint-Quentin soit revisé;

8° Engager M. le maire de Saint-Omer à faire conserver, comme il me l'a promis, la tour et la nef de l'église de Saint-Bertin;

9° Faire achever la colonne monumentale de Boulogne-sur-Mer;

10° M'autoriser à entreprendre, conjointement avec un des architectes attachés au ministère, la restauration graphique du château de Coucy [1].

Paris, le 29 septembre 1837.

On propose la nomination d'une Commission des monuments historiques.

Monsieur le Ministre, l'insouciance qui ne se fait que trop remarquer dans les départements pour les monuments historiques et pour les souvenirs qui les recommandent à l'attention publique m'a déterminé à adresser aux préfets la circulaire ci-jointe.

Une fois que le travail que je leur demande sera parvenu à Votre Excellence, elle pourra se rendre un compte exact de la situation de la France sous ce rapport, faire inspecter plus spécialement ceux des monuments qui paraîtront présenter le plus d'intérêt, proportionner aux besoins réels les ressources à demander aux chambres et préparer un beau travail qui honorera son administration.

L'emploi des fonds pourra recevoir une direction plus utile que jusqu'à ce jour. Au lieu de les éparpiller pour faire d'inutiles *reprises* à de vieux débris, il sera mieux, après avoir fait les frais d'inspection et la part des petites exigences personnelles, de réserver, sur le crédit de 200,000 francs, 150,000 francs qui,

[1] Extrait du rapport à M. le ministre de l'intérieur sur les monuments, les bibliothèques, les archives et les musées des départements de l'Oise, de l'Aisne, de la Marne, du Nord et du Pas-de-Calais; par M. Vitet, inspecteur général des monuments historiques de France, 1831. (*Paris, Imprimerie royale*, in-8°.

appliqués aux monuments les plus importants, permettront d'en terminer la restauration. Ces résultats *complets* prouveront l'utilité de la dépense et encourageront les Chambres à voter une nouvelle augmentation de fonds; c'est d'ailleurs, je crois, un bon principe d'administration.

Pour donner plus d'importance et plus de garanties au travail des préfets et aux recherches de l'inspecteur général, je pense qu'il serait bien de nommer une Commission des monuments historiques. Cette Commission, qui serait gratuite, examinerait tous les documents qui seraient adressés à Votre Excellence, et elle donnerait son avis sur les monuments qu'il importerait de restaurer les premiers. Ses rapports et ses archives ne tarderaient pas à présenter un grand intérêt, surtout si, par la suite, les Chambres accordaient assez de fonds pour faire lever, dans tous les départements, le plan des principaux monuments historiques.

J'ai l'honneur de proposer à Votre Excellence, pour former cette Commission, sous la présidence du directeur,

MM.

Le comte de Montesquiou, membre de la Chambre des députés;

Vitet, *idem;*

Auguste Leprevost, *idem;*

Le baron Taylor;

Caristie, membre du conseil des bâtiments civils;

Félix Duban, architecte de l'École des beaux-arts;

Mérimée, inspecteur général, secrétaire.

Paris, le 25 décembre 1837.

Proposition de faire frapper une médaille des monuments historiques.

MONSIEUR LE MINISTRE, dans plusieurs de nos départements, des antiquaires et des artistes ont reçu le titre de *correspondants* du ministère de l'intérieur et la mission de lui transmettre tous les avis et tous les renseignements relatifs aux monuments historiques. Il importe, en effet, que l'administration soit informée rapidement des besoins de ces édifices, et des actes de vandalisme auxquels ils pourraient être exposés et qui, malheureusement, ne sont encore que trop fréquents.

Ces correspondants ne reçoivent aucune rétribution; dans quelques cas rares et pour des voyages qui leur auraient été prescrits, ils peuvent recevoir des indemnités.

Il est inutile de vous faire remarquer l'inconvénient ou même l'impossibilité d'accorder fréquemment de semblables indemnités; d'un autre côté, on ne peut se dissimuler que, sans un moyen de stimuler le zèle de ces agents, leurs communications sont et seront très-rares et même presque nulles.

Les correspondants du ministère de l'instruction publique reçoivent, pour prix de leurs travaux, les livres que ce département publie, et ces présents sont assez appréciés pour exciter beaucoup d'antiquaires à entreprendre de longues recherches et à les communiquer à ce ministère.

Le ministère de l'intérieur n'a point de pareilles ressources, car les ouvrages d'art pour lesquels il prend des souscriptions sont, à peu près exclusivement, donnés à des bibliothèques publiques.

J'ai pensé qu'une médaille spéciale, accordée avec réserve à des travaux utiles, serait une récompense suffisante pour assurer la coopération active des correspondants du ministère de l'intérieur.

Cette proposition, que j'ai l'honneur de vous soumettre, a obtenu l'assentiment unanime de la Commission des monuments historiques.

La médaille, de 30 lignes de diamètre, porterait d'un côté l'effigie du roi, de l'autre une figure allégorique, entourée de monuments de toutes les époques et inscrivant les noms des personnes qui ont bien mérité des arts.

Chaque médaille porterait en creux le nom de celui à qui elle aurait été décernée.

L'esquisse ci-jointe me dispense d'entrer dans de plus longs détails, et le talent connu de M. Barre, que je vous demanderai de vouloir bien charger de ce travail, ne permet pas de douter de sa bonne exécution.

Le prix du coin s'élèverait à sept mille francs, somme qui serait prise sur le fonds des monuments historiques, mais imputable sur le restant du crédit de la présente année 1837 et sur les crédits de 1838 et de 1839. Le prix de chaque médaille serait de   francs. Je ne pense pas que l'imputation de cette dépense sur le fonds des monuments historiques pût offrir matière à contestation; car il est évident qu'en encourageant les travaux scientifiques relatifs à nos monuments, on contribue à leur conservation aussi efficacement qu'en accordant des secours pour leurs réparations.

Pour assurer la juste distribution de cette récompense, vous pourriez décider, Monsieur le Ministre, qu'elle ne serait décernée que sur un rapport spécial de la Commission des monuments historiques et sur l'exposé des titres de la personne qui la recevrait. Ces titres me semblent devoir être ou des mémoires archéologiques remarquables ou des soins désintéressés donnés pour la conservation d'un édifice national digne d'intérêt.

Cette distribution, qui ne devrait pas être de plus de 10 ou 12 médailles par an, pourrait avoir lieu à l'occasion de la fête de Sa Majesté.

Si vous voulez bien approuver les conclusions du présent rapport, le coin de la médaille pourrait être fourni dans neuf mois.

Paris, le 25 avril 1839.

Proposition d'approuver une circulaire à MM. les préfets, relative à l'organisation, dans les départem^{ts}, de correspondants du ministère, pour la conservation de ces monuments.

Monsieur le Ministre, depuis longtemps on a reconnu la nécessité de compléter et de régulariser dans les départements l'organisation des correspondants du ministère de l'intérieur pour la conservation des monuments historiques. Déjà quelques départements possèdent des inspecteurs de ces monuments, mais le plus grand nombre en est privé, et dans ceux-ci ces précieux restes de l'héritage de nos pères sont en quelque sorte abandonnés. Il importe donc de remplir cette lacune et de créer, partout où la nécessité s'en ferait sentir, une place d'inspecteur des monuments historiques.

Ces fonctions, qui seraient purement honorifiques, et dont par cela même la création n'entraînerait l'administration dans aucune dépense, consisteraient à surveiller les travaux de restauration des édifices antiques et du moyen âge, à signaler les découvertes qui intéressent l'archéologie, à prévenir les actes de vandalisme qui compromettent l'existence de nos vieux édifices, et à établir, à cet effet, une correspondance suivie avec l'inspecteur général, secrétaire de la Commission des monuments historiques.

Le projet de circulaire que j'ai l'honneur de soumettre à Votre Excellence a pour but d'arriver à une organisation aussi complète que possible de cette intéressante branche de votre administration. Je vous prie, Monsieur le Ministre, de vouloir bien y donner votre approbation.

Paris, le 20 mai 1840.

Monsieur le Ministre, la Commission des monuments historiques, dans son dernier rapport, déplorait l'insuffisance des secours affectés à la conservation des édifices remarquables de toutes les époques dont notre pays a tant de raisons de s'enorgueillir, et que pourtant il a traités longtemps avec une fâcheuse indifférence. Ces plaintes, trop bien justifiées, ont été entendues, et le crédit mis cette année à la disposition de votre département témoigne que la sollicitude des Chambres s'est éveillée sur l'importance de nos richesses monumentales. En applaudissant à ce premier résultat, la Commission éprouve le besoin d'exprimer sa vive reconnaissance à ceux de vos prédécesseurs qui ont bien voulu se faire les interprètes de ses réclamations, et elle attend avec confiance de vos lumières et de votre patriotisme, Monsieur le Ministre, la continuation d'un appui qui lui est si nécessaire.

Grâce à l'augmentation des fonds de secours alloués aux monuments historiques pour l'année 1840, la Commission a pu proposer un nouveau système de répartition que, malgré ses avantages reconnus, la déplorable insuffisance des crédits des années précédentes avait toujours contraint d'écarter; plusieurs monuments recevront cette année des allocations qui permettront d'exécuter de grands travaux.

Mode d'exécution des travaux pour la restauration.

Dans l'opinion de tous les hommes spéciaux, il n'est pas douteux que, pour être vraiment utiles, les restaurations doivent être exécutées rapidement et d'une manière complète; que des secours lents et partiels suffisent à peine pour pallier les progrès de la destruction, et n'ont, en dernière analyse, d'autre résultat que de retarder le moment où il faut opter entre une restauration entière ou un abandon définitif.

Sous le rapport de l'économie et de la bonne administration, l'expérience a prouvé encore qu'une grande restauration, entreprise à temps et terminée aussi promptement que possible, est infiniment moins coûteuse qu'une suite de petites réparations qu'il faut sans cesse recommencer. Au point de vue de l'art, on ne trouve pas moins d'avantages; car, lorsqu'une allocation est large et proportionnée aux besoins d'un monument, on peut donner aux travaux une direction méthodique et les confier à des architectes d'un talent éprouvé. Il suffit de jeter les yeux sur la plupart de nos anciens édifices pour se convaincre que des réparations maladroites leur ont été presque toujours plus funestes que les ravages du temps.

Inconvénients du système des réparations lentes et partielles.

Les inconvénients du système des réparations lentes et partielles se sont fait sentir surtout dans les travaux exécutés aux théâtres d'Arles et d'Orange. Depuis bien des années, ils reçoivent des subventions médiocres en comparaison de la grandeur de l'entreprise, considérables pourtant eu égard à la faiblesse des crédits d'où elles sont tirées. Quels sont les résultats obtenus? Non-seulement le déblayement du sol antique n'est pas achevé, mais beaucoup de terrains restent à acquérir, et l'état de ces ruines si précieuses inspire encore de vives inquiétudes. Si l'on faisait le relevé des dépenses que ces deux monuments ont coûté jusqu'à ce jour, il est plus que probable que leur total, mis tout d'abord à la disposition d'un architecte habile, eût suffi à un déblayement complet, à une restauration durable. En outre, la lenteur des travaux a éveillé la cupidité des propriétaires établis sur le sol antique; elle leur a permis d'élever successivement leurs prétentions, et, ce qui est encore plus affligeant, de compromettre, par des dégradations, l'existence même des ruines imposantes pour lesquelles on a déjà fait tant de sacrifices.

La Commission s'était flattée qu'un crédit spécial pourvoirait à la restauration définitive des théâtres d'Orange et d'Arles. Un travail préparé par un de ses membres avait démontré l'utilité de cette mesure et en avait précisé la dépense, qui ne s'élève qu'à une somme de 300,000 francs; mais des motifs, qu'il n'appartient pas à la Commission d'apprécier, ayant déterminé l'ajournement de ce projet, il a fallu faire face, avec les seules ressources du fonds général des monuments historiques, aux travaux les plus urgents réclamés par ces deux immenses débris de la splendeur romaine. Les allocations qu'on a jugées nécessaires, et qui pourtant ne sont pas ce qu'elles devraient être, ont fortement affecté ce fonds de secours, et l'on ne pourrait les renouveler, l'année prochaine, sans négliger d'autres travaux aussi importants. Sur ce point, Monsieur le Ministre, la Commission appelle toute votre sollicitude et se plaît à espérer que, sous vos auspices, un crédit spécial sera accordé à une entreprise aussi utile pour les arts et les études archéologiques.

Toutefois, Monsieur le Ministre, les subventions accordées cette année (les plus considérables qu'aient encore reçues ces deux monuments) promettent des résultats utiles.

A Orange, les salles du postscenium seront acquises, et l'on n'aura plus à craindre désormais ces dégradations alarmantes que leurs propriétaires y faisaient journellement. L'enceinte antique sera fermée et soumise à une exacte surveillance.

Des fouilles doivent être dirigées sur la scène du théâtre d'Arles, dans la partie qui n'a point encore été explorée. Les magnifiques statues et les nombreux et admirables fragments antiques qu'on a déjà trouvés sur cette scène attestent le luxe vraiment extraordinaire de sa décoration, et font espérer de nouvelles découvertes également intéressantes.

Expropriation. Droit de l'État pour l'acquisition des monuments historiques ou de terrains renfermant des antiquités.

Quelques difficultés relatives à l'achat des terrains ralentissent encore les travaux, plusieurs propriétaires ayant exposé des prétentions inadmissibles, quelques-uns se refusant à céder les terrains qu'ils occupent. Dans d'autres communes, des exigences semblables paralysent les intentions généreuses du Gouvernement et des autorités locales. La Commission, désirant mettre un terme à cette situation, avait prié l'un de vos prédécesseurs de solliciter devant les Chambres une mesure législative pour faciliter l'acquisition des monuments historiques ou celle des terrains qui renferment des antiquités. A cette occasion, un projet de loi avait été préparé, mais il n'a point été jugé nécessaire de le présenter aux Chambres. En effet, l'opinion de nos plus éminents jurisconsultes et les derniers débats de la Chambre des pairs ont prouvé que la loi actuelle sur l'expropriation pour cause d'utilité publique pourrait être invoquée pour le déblayement et la conservation des monuments anciens. Il ne reste plus qu'à consacrer ce principe par une application, et il ne s'en pourra trouver une plus juste que dans les théâtres d'Orange et d'Arles.

Du moment que l'emploi de l'expropriation sera complétement établi, les administrations locales pourront facilement dégager tant de beaux monuments des misérables constructions qui en masquent l'extérieur et, souvent, en compromettent la solidité.

Expropriation.

La Commission se plaît à espérer qu'on en fera bientôt usage pour isoler les arènes d'Arles, acquérir la Basse-OEuvre, à Beauvais, et assurer la conservation d'un grand nombre d'autres édifices antiques ou du moyen âge.

L'état du fonds général de secours n'a point permis d'entreprendre cette année la restauration de quelques autres monuments antiques sur lesquels la Commission se réserve d'appeler votre intérêt dans un avenir plus ou moins éloigné. Les grandes constructions romaines de Reims, de Langres, de Saintes, de Poitiers, de Saint-Chamas, de Nîmes, de Saint-Remi, etc. ont des titres manifestes à l'intérêt de l'administration et n'ont plus à redouter aujourd'hui la funeste insouciance qui a laissé détruire les arènes de Bordeaux.

Richesses archéologiques de la France.

Nos édifices du moyen âge présentent peut-être les types les plus remarquables de tous les styles d'architecture qui se sont succédé depuis le XIe siècle jusqu'à la renaissance. Aucun pays ne possède autant de richesses en ce genre, et pourtant aucun n'en a détruit ou laissé détruire un aussi grand nombre. Le premier rapport de la Commission contenait une longue liste des principaux de ces monuments; le tableau ci-joint, fort augmenté, est encore incomplet, et, malgré le soin apporté à sa rédaction, malgré les recherches continuelles, plusieurs années se passeront encore avant qu'on puisse dresser un catalogue exact de toutes les richesses monumentales de la France.

Catalogue ou liste des monuments historiques.

Liste des monuments historiques ne comprenant pas les cathédrales.

Sur la liste qu'elle a l'honneur de vous remettre, la Commission n'a point porté les cathédrales et autres édifices diocésains, qui, pour la plupart cependant, se distinguent par la noblesse de leur architecture. Par une bizarrerie qu'on a peine à s'expliquer, et qui souvent a excité de vives réclamations, l'entretien de ces édifices appartient à un autre département. La Commission ne peut que renouveler ses vœux pour voir cesser un pareil état de choses, dont le moindre inconvénient est de diviser les ressources du Gouvernement et de lui ôter cette direction méthodique dont toutes les autres parties de l'administration sentent les bons résultats.

Mode de répartition du crédit.

En présence des besoins nombreux que chaque jour lui révèle, la Commission ne pouvait concentrer toutes ses ressources sur quelques monuments exceptionnels, n'accordant aux autres que des promesses dont, quelquefois, ils n'auraient pu attendre l'effet. Elle a donc cru devoir diviser les secours de votre département en plusieurs catégories : les uns, assez considérables pour compléter ou du moins pour avancer notablement la restauration des édifices auxquels ils s'appliquent; les autres, destinés seulement à retarder les progrès de la destruction et à permettre d'attendre le moment où l'on pourra disposer de ressources suffisantes

Les titres des monuments qui doivent prendre place dans la première catégorie ont été pesés avec la plus scrupuleuse impartialité. Dans son examen, qui s'est étendu à toute la France, la Commission n'a voulu encourager aucun style particulier; elle ne s'est préoccupée ni de la destination des monuments, ni de leur position géographique. Libre de toute influence étrangère, elle n'a pris en considération que l'importance artistique des édifices, leur situation matérielle, les ressources locales qui peuvent leur venir en aide; enfin elle n'a rien négligé pour assurer le bon emploi des subventions accordées par le ministère de l'intérieur. On sait que peu de nos provinces possèdent des architectes qui aient fait des études spéciales nécessaires pour bien conduire de grandes restaurations. Pour la première fois, cette année, on a confié les plus importantes à des architectes que leur talent reconnu désignait à la confiance de l'administration. La légère augmentation de dépenses résultant, dans quelques cas, du déplacement de ces artistes, est amplement compensée par la garantie d'une bonne exécution.

Motifs des décisions de la Commission.

Choix des architectes.

C'est ainsi qu'un architecte nommé par vous a reçu la mission d'entreprendre la restauration si longtemps ajournée de la magnifique église de Vézelay. A ce travail on a consacré la somme la plus forte dont il ait été possible de disposer, et cependant cette allocation ne permet de réparer qu'une petite partie de cette immense basilique. Jamais, d'ailleurs, secours ne fut plus urgent, et l'on peut assurer que, s'il eût été différé d'une année encore, les murs où saint Bernard prêcha la croisade n'auraient plus offert qu'un monceau de décombres. Il est bien à désirer que le Gouvernement conserve sa protection à un monument majestueux par son architecture, imposant par les souvenirs qu'il rappelle, et la Commission ne cessera de réclamer en sa faveur que lorsque sa restauration sera complétée.

D'autres églises non moins intéressantes que la Madeleine de Vézelay, mais heureusement moins maltraitées par le temps, ont été inscrites dans la première catégorie, et, sous la direction d'architectes nommés par vous, recevront de grandes réparations dans la campagne qui vient de s'ouvrir. Il suffit de citer les églises de Saint-Benoît-sur-Loire, de Conques, d'Issoire, de Saint-Jacques à Dieppe, de Mantes, de Cunault, de Saint-Paul-Trois-Châteaux, le cloître de Moissac, les fresques de Saint-Savin, pour justifier le choix de la Commission et l'intérêt qu'à sa prière l'administration supérieure leur a montré. Bien que ces admirables monuments exigent encore des travaux considérables et coûteux, on peut dire que désormais leur conservation est assurée, et annoncer par avance leur complète restauration.

Tout en reconnaissant l'importance incontestable des édifices ci-dessus désignés, on s'étonnera peut-être de ne pas voir figurer dans la même catégorie d'autres monuments aussi remarquables, et dont la situation réclame également des secours. Outre l'impérieuse nécessité de se renfermer dans les limites du crédit de la présente année, la Commission avait un autre motif pour ajourner la restauration de certains édifices du premier ordre. Avant de l'entreprendre, il était nécessaire, en effet, de s'entourer des renseignements les plus exacts; il ne fallait s'engager dans des travaux, évidemment très-considérables, que lorsqu'on aurait pu en évaluer et la durée et la dépense, et qu'on se serait assuré qu'ils seraient dirigés avec le soin et l'intelligence convenables. Des études approfondies seront faites cette année sur un certain nombre de ces monuments, et, lorsqu'elle sera suffisamment éclairée, la Commission aura l'honneur de vous adresser des propositions certaines à cet égard.

Insuffisance du crédit.

Dès à présent, Monsieur le Ministre, elle peut vous annoncer que le résultat de ce travail démontrera la nécessité de grandes réparations. La Commission s'attachera, ainsi qu'elle a toujours fait, à se renfermer dans les limites d'une stricte économie; mais elle craint qu'il ne soit impossible de subvenir à ces nouvelles dépenses sans une augmentation du fonds général de secours.

Appel au concours des conseils généraux et municipaux.

Le tableau ci-joint contient la désignation des monuments qui doivent recevoir des subventions plus faibles, la plupart parce que leurs besoins sont moins pressants, quelques-uns parce que des ressources locales peuvent en partie pourvoir à leur conservation et à leur entretien. La Commission espère que les conseils généraux et municipaux s'imposeront quelques sacrifices pour seconder l'administration centrale, et celle-ci n'hésitera jamais à encourager des efforts aussi nobles et aussi avantageux pour le pays.

Fouilles.

Cette année, de même que les précédentes, on a dû apporter une extrême réserve à accorder des allocations pour entreprendre des fouilles. Ce n'est pas qu'avec des fonds suffisants il eût été difficile de désigner des localités où des travaux de ce genre produiraient des résultats intéressants. Le sol de plusieurs grandes villes antiques reste encore à fouiller, et il est hors de doute que de vastes explorations n'offrissent un immense intérêt à la science; mais, avec les ressources limitées dont on peut disposer, il faut réserver ses secours pour des nécessités pressantes, et les fouilles ne présentent jamais un caractère d'urgence.

La Commission n'en a donc admis qu'un petit nombre, et son but a été surtout d'encourager les recherches de cette nature que pourraient tenter des communes ou des particuliers. Elle n'a pas négligé toutefois de choisir les lieux où les explorations ont le plus de chances de succès, et peuvent conduire à des découvertes profitables pour les études archéologiques. Elle a désigné particulièrement quelques monuments dits celtiques, jusqu'alors trop négligés peut-être. On peut espérer que l'intérêt que l'administration montre à ces antiques débris d'une civilisation perdue engagera les autorités locales à veiller avec soin à leur conservation.

La Commission des monuments historiques, Monsieur le Ministre, vient de vous adresser ses réclamations et ses vœux. L'importance de nos monuments, leur situation, leurs besoins, vous sont connus. Vous n'ignorez pas combien sont insuffisantes les ressources qui doivent subvenir à leur conservation; combien il serait indispensable qu'elles fussent augmentées en ce moment. Une administration éclairée, une Chambre jalouse de toutes nos gloires nationales, ne pourraient voir avec indifférence la ruine de tant d'édifices que l'étranger nous envie, et c'est avec confiance, Monsieur le Ministre, que la Commission s'en rapporte à votre amour des arts, pour provoquer des mesures qui mettent enfin en harmonie avec les besoins de nos monuments les secours qui leur seront destinés.

Paris, le 25 mai 1840.

Service des correspondants.

Monsieur le Ministre, il se présente souvent des occasions où des renseignements utiles à la conservation des monuments historiques doivent être donnés par des hommes spéciaux, versés dans la connaissance des études archéologiques et de l'architecture ancienne. Il est important pour la régularité du service qu'un correspondant, au moins, par département puisse fournir au préfet les détails que vous lui demandez sur l'origine et l'état actuel des monuments qui, par leur antiquité ou leur mérite d'art, ont des droits à l'intérêt du Gouvernement. Une circulaire avait été adressée aux préfets pour leur enjoindre de présenter des candidats à ces fonctions. La Commission des monuments historiques a soumis ces candidatures à un sévère examen, et, sur son avis, j'ai l'honneur de proposer à Votre Excellence les nominations dont la liste est inscrite dans l'arrêté ci-joint. J'ai compris dans cette liste les anciennes nominations qui avaient été faites ou confirmées en 1839.

Il reste encore à pourvoir à ces fonctions dans vingt-huit départements, soit qu'il n'ait pas été présenté de candidats, soit que leurs titres n'aient pas paru suffisants à la Commission pour les désigner à votre choix.

Paris, le 24 novembre 1842.

Monsieur le Ministre, la Commission des monuments historiques a l'honneur de vous rendre compte de ses travaux pendant l'année 1842, et de vous présenter le tableau des subventions accordées par votre département.

Ainsi que dans le rapport de l'année dernière, les monuments ont été divisés en trois catégories : la première comprenant ceux qui doivent être l'objet de grands travaux de restauration, et qui, par conséquent, exigent des secours considérables;

La seconde, les monuments qui reçoivent des allocations suffisantes pour des réparations d'entretien plus ou moins étendues;

La troisième, les monuments qui ont paru mériter l'intérêt du Gouvernement, mais pour lesquels on n'a pu proposer encore aucune subvention, soit parce que leur situation n'était pas exactement connue, soit parce que l'insuffisance des fonds n'a pas permis de satisfaire aux demandes adressées à leur sujet.

Mode de répartition du crédit.

Dans un de ses précédents rapports, la Commission vous a exposé ses idées sur le système à suivre pour la répartition des secours que votre département accorde aux monuments historiques. Il consiste à désigner les plus remarquables de ces édifices, à y faire exécuter promptement tous les travaux de consolidation nécessaires, et, par conséquent, à concentrer sur eux les ressources de l'administration jusqu'à ce que les principales restaurations soient terminées.

Jusqu'alors, en partie par la faiblesse des crédits affectés à la conservation des monuments historiques, en partie par la difficulté de connaître suffisamment leur situation et leurs besoins, les secours avaient été bornés à de modiques allocations, palliatifs incertains qui combattaient à peine l'action destructive du temps.

Aujourd'hui le système des grands travaux, que vous aviez bien voulu approuver, est consacré par trois années d'une heureuse expérience. Des réparations considérables ont été exécutées, et plusieurs beaux édifices, dont l'existence était menacée, ont cessé d'inspirer des inquiétudes. Les secours ont été mieux proportionnés aux besoins, et des artistes d'un talent reconnu ont été chargés par vous de diriger et de surveiller les travaux. Désormais, on en a l'assurance, le style et le caractère des monuments anciens, trop souvent altérés par des réparations maladroites ou insuffisantes, sera respecté religieusement.

Choix des édifices appelés à recevoir des réparations considérables.

Le choix était difficile entre tant de chefs-d'œuvre de l'architecture antique et du moyen âge, tous recommandables à tant de titres, la plupart cruellement maltraités par le temps ou la barbarie des hommes.

La Commission s'est guidée dans cette tâche, dont elle a compris toute l'importance, en prenant en considération : le mérite sous le rapport de l'art, — la situation matérielle, — les ressources des localités. Elle a voulu surtout, avant de vous désigner un monument, connaître exactement la dépense que doit entraîner sa restauration; elle s'est rendu compte du temps que ce travail exigerait; elle a étudié les projets soumis par les architectes, et a discuté leur convenance et leur efficacité. Pour assurer la conservation des monuments qu'elle a placés en première ligne, la Commission savait que le Gouvernement était prêt à consentir des sacrifices considérables; mais elle a voulu, du moins, que l'étendue de ces sacrifices fût connue d'avance, et qu'ils fussent justifiés par des besoins réels et par une importance incontestable sous le rapport de l'art.

L'approbation que vous avez bien voulu donner à ses choix a été pour elle une récompense flatteuse de ses soins et de son impartialité.

Nécessité de borner les grands travaux à un certain nombre de monuments.

Malgré ses avantages reconnus, le système des grands travaux ne pouvait être adopté exclusivement et dans toute sa rigueur. Il fallait garder une réserve pour des besoins imprévus; il fallait encourager les efforts des localités qui n'ont que des ressources insuffisantes; il fallait enfin pourvoir à beaucoup de réparations provisoires, en attendant que l'on pût entreprendre des restaurations définitives. On a donc continué à répartir entre un assez grand nombre de monuments les allocations que le crédit disponible permettait d'accorder. Dans les propositions qu'elle vous a adressées à cet égard, la Commission a dû bien souvent déplorer l'insuffisance des subventions, mais elle se flatte du moins que ces marques d'intérêt, à défaut de secours plus efficaces, stimuleront heureusement le zèle des départements et des communes.

Le tableau de répartition que la Commission a l'honneur de vous présenter n'est que le sommaire des rapports particuliers dont chaque proposition a été l'objet.

Cependant, en vous offrant ici le compte rendu de ses derniers travaux, elle éprouve le besoin d'appeler votre attention sur les affaires qui lui ont paru les plus importantes.

La restauration de l'église de la Madeleine à Vezelay (Yonne), longtemps ajournée faute de fonds, a été entreprise et conduite avec activité, grâce aux secours considérables que vous avez bien voulu accorder à cet effet. M. Viollet-Leduc, chargé de ce grand travail, s'en est acquitté avec zèle et avec talent. Ce n'est qu'après de longues études sur la situation de cette immense basilique, après avoir reconnu la difficulté et aussi la possibilité de sa restauration, que la Commission vous a proposé de l'entreprendre. Tel était l'état de cet édifice abandonné depuis la révolution, qu'aux yeux de beaucoup de gens sa destruction paraissait inévitable. On pouvait même craindre que les premières tentatives pour le réparer n'en accélérassent la ruine. M. Viollet-Leduc a triomphé heureusement de toutes les difficultés. Aujourd'hui la consolidation des voûtes et des murs latéraux est accomplie. Les opérations qui offraient un danger réel ont été terminées sans accident. On peut dire que la Madeleine est sauvée. Sans doute, de grands travaux seront encore nécessaires, les dépenses considérables; mais, pour ceux qui connaissent la situation de cette église, le résultat obtenu est immense, et sa restauration complète, qu'on a pu croire impossible, n'est plus maintenant qu'une affaire de temps et d'argent.

Des travaux d'une nature aussi délicate ont été confiés à M. Questel et conduits avec le même succès. En même temps qu'il faisait réparer le magnifique portail de Saint-Gilles, et la célèbre vis qui rend encore cette ville un lieu de pèlerinage pour les tailleurs de pierre, M. Questel retrouvait et faisait conserver les débris du chœur de la même église, détruit pendant la révolution, qui offrent encore aux arts et à l'archéologie un sujet d'études du plus haut intérêt.

On doit au même architecte la consolidation récente de la tour Magne à Nîmes, cette admirable ruine romaine qui allait disparaître, si vos secours ne l'eussent sauvée.

C'est encore à M. Questel que vous avez donné la direction des travaux qui s'exécutent au beau cloître de Moissac, et de ceux qui viennent de commencer à l'église de Saint-Maurice à Vienne. La Commission se plaît à vous exprimer la satisfaction que lui ont donnée les projets de M. Questel, et à vous informer que les dépenses qu'occasionnera la restauration de Saint-Maurice seront moins considérables que la situation alarmante de cette belle église ne l'avait fait supposer au premier examen.

Les réparations de la flèche de Conches, conduites par M. Bourguignon, allaient être terminées, quand un ouragan d'une violence inouïe a renversé cette flèche en charpente et détruit le couronnement de la tour qui lui servait de base. Ce malheur, qu'il était impossible de prévoir, n'a pas eu les résultats déplorables que l'on pouvait craindre. Les admirables vitraux de Conches ont été préservés par une sorte de miracle, et la masse immense de la flèche n'a écrasé, dans sa chute, que des maisons inhabitées. En apprenant ce désastre, vous avez aussitôt donné à la ville de Conches l'assurance que vous n'abandonneriez pas une entreprise que vous aviez déjà puissamment encouragée. De prompts secours ont suivi cette promesse, et l'empressement de la ville et du département de l'Eure à s'imposer de nouveaux sacrifices fait espérer que bientôt les traces de ce déplorable accident auront disparu [1].

La Commission doit encore vous signaler avec éloge les travaux dirigés par M. Joly dans l'église de Saint-Savin, célèbre par ses nombreuses peintures du XIe siècle; ils avancent rapidement, malgré les difficultés sérieuses et l'on peut même dire les dangers véritables que présentait cette restauration.

M. Delton conduit avec zèle et avec talent les réparations de Notre-Dame de Cléry, et celles de la fameuse église de Saint-Benoît-sur-Loire, dont la situation est déjà considérablement améliorée.

Les mêmes éloges sont dus à M. Danjoy pour les soins qu'il apporte à la restauration des églises de Saint-Pierre à Lisieux et de Touques; à M. Van Cleemput, pour les travaux qu'il dirige dans l'ancienne cathédrale de Laon; à M. Lion,

[1] Une souscription ouverte pour réparer ce sinistre a montré combien la conservation de nos monuments trouvait de sympathie dans toutes les classes.

pour la restauration de l'église de Civray et de la tour de Charroux; à M. Renaux, pour les travaux exécutés dans l'église de Saint-Paul-Trois-Châteaux; à M. Le Normand, pour la restauration habile et consciencieuse de l'église de Saint-Jacques à Dieppe; à M. Boissonnade, pour la restauration de l'église de Sainte-Foy à Conques, presque terminée aujourd'hui avec un plein succès.

La Commission s'est occupée d'un règlement que vous avez revêtu de votre approbation, pour fixer les honoraires des architectes employés par votre département; obligée de se renfermer dans les limites d'une sévère économie, elle a pensé qu'il convenait de donner à des artistes estimables un témoignage honorifique de la satisfaction du Gouvernement, pour les soins et le zèle qu'ils apportent à des travaux toujours longs et pénibles et dont les honoraires sont souvent insignifiants. Vous avez bien voulu, sur sa proposition, accorder à quelques architectes une médaille spéciale.

La même distinction était due aux correspondants qui, par des mémoires archéologiques ou par des renseignements utiles qu'ils adressent journellement à votre ministère, ont le plus contribué à faire connaître ou à conserver des édifices remarquables.

Enfin cette médaille sera décernée également aux personnes qui, par des sacrifices généreux, ont sauvé de la destruction des monuments dignes d'intérêt.

La Commission vous a proposé d'accorder ving-trois médailles seulement; car elle a cru que cette récompense acquerrait un nouveau prix par sa rareté et par les titres incontestables des artistes et des savants qui l'obtiendraient.

Tous les ans, les théâtres d'Orange et d'Arles reçoivent des allocations considérables. Malheureusement le résultat n'a point été aussi heureux jusqu'à présent qu'on était en droit de l'attendre. L'avidité des propriétaires et, il faut le dire, les ménagements, peut-être un peu timides, des administrations municipales, ont retardé le moment où ces nobles débris de la grandeur romaine reparaîtront au jour dégagés des constructions modernes où ils sont depuis si longtemps comme ensevelis. Vous avez senti, Monsieur le Ministre, qu'il fallait donner une direction plus régulière aux travaux de déblayement et de consolidation, et vous avez confié, à cet effet, une mission spéciale à l'inspecteur général des monuments historiques. Son rapport a constaté que ce serait un abus de céder aux exigences des propriétaires, et qu'il fallait, pour dernier recours, faire usage contre eux de la loi sur les expropriations; les enquêtes sont commencées, et la Commission attend avec confiance les verdicts des jurys saisis de ces affaires.

Malgré ces lenteurs et ces difficultés, la situation des deux théâtres s'est notablement améliorée. Le théâtre d'Orange est maintenant complétement fermé; la scène et les gradins sont nettoyés; la consolidation des murs antiques s'achèvera dans cette campagne, sous la direction de M. Renaux, dont le nom vous a déjà été honorablement cité. Quelques expropriations sont encore nécessaires pour isoler le théâtre et particulièrement les constructions antiques qui le lient à l'Hippodrome.

Des sacrifices plus considérables sont réclamés pour le théâtre d'Arles. Des rues à percer, des terrains à niveler, de grands travaux de terrassement augmenteront les dépenses prévues pour l'acquisition du sol antique. On a reconnu toutefois que l'emplacement qu'il s'agit de déblayer pouvait être réduit; on a lieu d'espérer que, moyennant l'achat ou l'expropriation de quelques maisons fort médiocres, on pourra bientôt l'enclore, et conserver les parties du monument qui ont subsisté jusqu'à ce jour.

Alors seulement pourra être complété le déblayement de la scène antique et des salles des mimes, qui, par leur comparaison avec les mêmes parties du théâtre d'Orange, offriront un vif intérêt aux arts et à l'archéologie.

Les fouilles partielles auxquelles les dernières acquisitions ont donné lieu sur le théâtre d'Arles ont amené la découverte de quelques fragments antiques qui ne sont pas sans importance. On a trouvé des restes assez considérables de la décoration en marbre de la scène, quelques débris de bas-reliefs et d'inscriptions, enfin un beau fragment de la statue d'Auguste dont le musée d'Arles possédait déjà une partie du torse et dont la tête est en ce moment à Paris, au Musée du roi.

La Commission, dans son rapport de l'année 1840, avait sollicité un crédit spécial pour le déblayement des théâtres d'Arles et d'Orange, opération qu'il importait de conduire rapidement, et dont la dépense excédait de beaucoup les ressources ordinaires. L'augmentation votée par les Chambres au budget des monuments historiques, sur la proposition de M. le comte de Sade, a permis d'entreprendre ces grands travaux d'une manière convenable, quoique avec un peu plus de lenteur. Mais une autre restauration, à laquelle la Commission attache le plus grand intérêt et dont vous l'avez autorisée à commencer l'étude, ne lui paraît exécutable qu'au moyen d'une allocation extraordinaire tout à fait en dehors des prévisions générales du budget. Vous avez compris qu'il s'agit de l'église de Saint-Ouen à Rouen, ce chef-d'œuvre inachevé de l'architecture gothique.

Influence des travaux de la Commission sur les Gouvernements de l'Europe.

Le Gouvernement, par le soin qu'il apporte depuis quelques années à la conservation et à la restauration des monuments du moyen âge, a donné un exemple que presque toute l'Europe imite aujourd'hui. En Italie, en Allemagne, en Angleterre, des travaux immenses sont en cours d'exécution; les princes et les peuples s'imposent à l'envi les sacrifices les plus considérables. La France, dont l'influence sur les arts est si puissante, ne demeurera pas en arrière, nous l'espérons, dans cette lutte nouvelle où la magnificence de ses monuments et le talent de ses artistes semblent lui donner tant d'avantages.

Vous connaissez, Monsieur le Ministre, le projet vraiment gigantesque auquel Sa Majesté le roi de Prusse vient d'attacher son nom. Les travaux de la cathédrale de Cologne, interrompus depuis si longtemps, ont été repris cette année, et, si l'on en juge par la grandeur des préparatifs, nous verrons bientôt la fin de cet immense travail qui semblait devoir épuiser les ressources de plusieurs générations. En présence d'une entreprise qu'on aurait appelée téméraire il y a peu d'années, et dont nous apprenons déjà les progrès rapides, on éprouve une espèce de honte à discuter la possibilité d'un projet beaucoup plus simple, et dont le résultat pourtant serait aussi heureux pour les arts et aussi glorieux pour notre pays.

Deux projets pour l'achèvement de Saint-Ouen ont été présentés à la Commission par M. Grégoire, dans deux systèmes différents, tous les deux remarquables par le talent et l'exactitude de l'artiste à reproduire les types consacrés dans la décoration de l'église. Dans le premier, on élève deux tours qui flanquent le portail, en profitant des indications que fournissent les amorces des constructions commencées au XVIe siècle (constructions fort postérieures, comme on sait, à l'église elle-même) et presque aussitôt abandonnées. Dans le second projet, dont la dépense serait bien moins considérable, on supprimerait les tours, et l'on bâtirait une façade aussi riche et d'un goût plus pur, car on n'aurait point à se préoccuper d'en mettre la décoration en harmonie avec les amorces des constructions fort médiocres, ébauchées ou, pour mieux dire, ajoutées deux siècles après la construction de l'église. Au contraire, l'obligation de se régler sur les additions du XVIe siècle consacrerait une altération au caractère général de l'édifice, qui, pour être ancienne, n'en est pas moins regrettable.

L'exécution du premier projet occasionnerait une dépense qu'on ne peut évaluer à moins de trois millions; le second ne coûterait qu'environ 1,200,000 fr.; c'est celui que la Commission a préféré, et M. Grégoire en achève l'étude en ce moment.

Lorsque l'Allemagne entreprend des travaux immenses pour terminer la cathédrale de Cologne, lorsque l'Angleterre prodigue des trésors pour restaurer ses vieilles églises [1], la France ne se montrera pas moins généreuse, sans doute, pour achever le monument que l'on cite partout comme le modèle le plus parfait de l'architecture religieuse au moyen âge. La Commission se flatte, Monsieur le Ministre, que vous n'hésiterez pas à demander aux Chambres les moyens d'exécuter un beau travail qui intéresse à un si haut degré la gloire nationale.

Votre sollicitude, Monsieur le Ministre, s'étend sur les monuments de toutes

[1] Les réparations de la seule église du Temple, à Londres, ont coûté déjà plus de 40,000 l. st. (plus de 1,000,000 de francs). Une somme de 80,000 l. st. doit être employée aux réparations de Lincoln's Inn.

les époques, et votre protection leur est acquise à tous avec une égale impartialité. Les plus humbles ont des droits à votre attention, lorsqu'ils offrent un intérêt particulier par leur date ou par les souvenirs qui s'y rattachent. L'antique monument attribué aux rois Mérovingiens et connu, à Beauvais, sous le nom de la *Basse-Œuvre,* a été acquis par vos soins au moment où l'administration municipale allait le faire démolir sous un prétexte frivole. Sa conservation est aujourd'hui assurée; mais il reste à lui donner une destination qui n'altère point son caractère et qui maintienne dans son intégrité ce reste précieux d'une époque dont notre sol a conservé si peu de souvenirs.

M. Ramée, à qui l'on doit une très-bonne restauration de l'ancienne cathédrale de Noyon, vous a présenté un projet pour rétablir les dispositions et la décoration primitives de la Basse-Œuvre. Tout en donnant de justes éloges à l'exactitude et au talent qui se font remarquer dans le travail de M. Ramée, la Commission n'a pas cru qu'il dût être adopté définitivement, avant que le ministère des cultes se fût concerté avec votre département pour son exécution. La Commission ne peut que faire des vœux pour qu'un édifice aussi intéressant soit rendu à sa destination originelle; mais elle comprend que les faibles ressources dont vous disposez ne peuvent ni ne doivent être employées à des travaux d'appropriation.

Vous avez bien voulu autoriser d'autres acquisitions également importantes. L'inévitable destruction de l'hôtel de la Trémouille est venue affliger tous les amis des arts. L'étendue des bâtiments dépendant de cet hôtel, l'impossibilité d'en isoler les parties vraiment monumentales, surtout le prix exorbitant d'un vaste terrain dans un des quartiers les plus populeux de la capitale, mettaient le Gouvernement hors d'état de disputer cet édifice à de riches spéculateurs. Obligé à regret d'être témoin de sa ruine, vous avez fait tout ce qu'il vous était permis de faire en obtenant la cession de toutes les façades ornées. Ces restes précieux peuvent du moins adoucir les regrets qu'inspire la perte de l'un des rares monuments qui conservaient à Paris des souvenirs du moyen âge.

MM. Viollet-Leduc et Lassus, auteurs d'un projet pour la construction d'un archevêché, ont proposé de faire servir les façades de l'hôtel de la Trémouille à décorer une des cours du nouvel édifice. La Commission applaudirait à cette destination, qui conserverait de très-belles sculptures, et qui contribuerait puissamment à donner à l'archevêché un caractère en harmonie avec celui de la cathédrale, auprès de laquelle il doit s'élever.

Acquisition des sculptures provenant de monuments historiques.

Quelques arcades ornées de bas-reliefs attribués au ciseau de Jean Goujon, et provenant de l'ancien hôtel de Torpanne, ont été achetées encore par votre département, et ont trouvé une destination convenable dans une cour de l'École des beaux-arts.

Toutes ces acquisitions, Monsieur le Ministre, dont la Commission s'applaudit avec vous, ont pu être opérées avec les ressources ordinaires du crédit affecté aux monuments historiques. Il est pénible de penser que la conservation d'objets si précieux n'est due, pour ainsi dire, qu'à un heureux hasard. En effet, si le fonds de secours eût été épuisé, ou seulement si les monuments que l'on vient de citer eussent été mis en vente après le travail annuel de répartition, il eût été presque impossible de les sauver.

Ces acquisitions qu'on ne peut prévoir, qu'il serait si regrettable de laisser échapper, font naître des inquiétudes pour l'avenir et réclament une sérieuse attention.

Les grandes collections nationales, les musées et la Bibliothèque du roi ont des revenus qui suffisent à peine à leur entretien. Toutes les fois qu'une vente publique d'objets d'art a lieu à Paris, il est avéré que les ressources ordinaires de ces établissements ne peuvent faire concurrence aux offres des amateurs, et surtout des amateurs étrangers. Combien de riches collections perdues pour la France, parce que le Gouvernement se trouve sans moyen pour les acquérir!

Quelques exemples prouveront l'importance des pertes que la France a faites de cette manière.

La collection de M. le baron Denon s'est divisée, sans qu'aucun de nos établissements scientifiques s'en soit enrichi.

La Bible d'Alcuin, mise en vente à Paris, n'a pu trouver d'acheteurs et a été vendue en Angleterre.

La statue en bronze trouvée à Lillebonne a été également portée en pays étranger.

La collection de portraits historiques de M. Alexandre Lenoir a été achetée par un libraire de Londres.

Les tableaux précieux de madame la duchesse de Berry, la collection de M. Salliès, d'Aix, celle de M. Mimaut, qui renfermait un monument historique inappréciable, la table d'Abydos [1], ont passé en Allemagne et en Angleterre.

Jusqu'ici, l'on s'est borné à citer des monuments nationaux ou des collections que l'on peut appeler françaises, puisqu'elles ont été formées par des Français, et que nos artistes et nos savants pouvaient les consulter. Mais les objets d'art, d'un intérêt général, qu'un heureux hasard amène pour quelque temps sur notre territoire, n'y a-t-il pas une espèce de honte à les en laisser sortir? Tous les artistes se sont affligés dernièrement en apprenant que la Vierge au candélabre, de Raphaël, et le Francia qu'ils avaient admirés à Paris, où ils ont été exposés en vente, ont été achetés pour un prix peu élevé en Angleterre.

[1] La table d'Abydos a été vendue, à Paris, 14,000 francs, et le Gouvernement n'a pu l'acheter!

Lorsqu'un Français visite les musées de Londres, de Berlin ou de Munich, dont l'existence ne remonte qu'à quelques années, il est frappé de leur richesse, et, s'il vient à s'enquérir de l'origine des objets qu'il admire, il apprend souvent que c'est de France qu'ils viennent, mais qu'ils n'ont pu y trouver des acheteurs. À Paris, quelques particuliers disputent seuls aux étrangers la possession des objets d'art qui paraissent aux ventes publiques. Rarement les agents du Gouvernement peuvent entrer en concurrence avec eux.

Les sommes considérables que le roi consacre tous les ans à l'acquisition de nombreux objets d'art sont des encouragements aux artistes modernes, dont il est impossible de rien distraire pour compléter les collections de tableaux et de sculptures, ouvrages d'anciens maîtres.

Serait-il donc impossible de remédier à l'insuffisance bien constatée des ressources dont le Gouvernement dispose pour entretenir et enrichir nos grandes collections nationales ?

Sans doute, dira-t-on, la libéralité des Chambres ne fera point faute à l'administration, toutes les fois qu'elle lui demandera de doter le pays d'un chef-d'œuvre reconnu. La Commission sait combien elles sont jalouses de nos gloires nationales, et ce serait toujours avec confiance qu'elle en appellerait à leur générosité et à leur patriotisme. Mais les occasions sont rares, toujours inattendues; il faut aux spéculateurs non des espérances, mais de l'argent comptant; il faut pouvoir conclure un marché rapidement et sans hésiter, souvent avec une espèce de mystère.

L'institution d'un fonds de réserve consacré exclusivement à l'achat d'objets d'art anciens, et convenablement administré, permettrait seule au Gouvernement de profiter d'occasions telles que celles qui viennent d'être citées. Une somme de 200,000 fr. suffirait peut-être, ajoutée annuellement au fonds des beaux-arts, pourvu qu'il fût possible de reporter toujours au budget d'année en année le reliquat dont on n'aurait pas trouvé à faire l'emploi. Oserait-on mettre en balance le sacrifice qu'on réclame avec les résultats qu'on en doit espérer ?

La Commission, Monsieur le Ministre, ne croit pas être sortie de ses attributions en appelant votre sollicitude sur un objet qui intéresse les arts à un si haut degré. Elle espère que vous voudrez bien voir, dans la proposition qu'elle a l'honneur de vous adresser, son vif désir de justifier la confiance que vous lui avez toujours montrée.

Nécessité du concours des localités.

La plupart des travaux dont la Commission vient de vous entretenir, les restaurations qui se poursuivent en ce moment dans plusieurs de nos provinces, n'auraient pu avoir lieu sans le concours des localités qui se sont associées généreusement aux efforts de l'administration centrale. Depuis quelques années, à l'indifférence dont la plupart de nos grands monuments ont été l'objet pendant très-longtemps, a succédé un sentiment de respect et de juste orgueil que doit inspirer la possession de tant de chefs-d'œuvre. On commence à comprendre que c'est un dépôt dont la postérité demandera compte à notre époque, qui s'honorera en le lui rendant intact. Dans beaucoup de départements, des sociétés savantes se sont formées, qui s'occupent avec zèle de l'étude de nos antiquités nationales. L'intérêt qu'elles inspirent, les subventions qui leur sont accordées par les autorités locales, n'excitent plus l'étonnement ou les railleries de l'ignorance. Presque partout, la Commission se plaît à vous en donner l'assurance, elle a rencontré des sympathies qui ont rendu sa tâche moins difficile. Plusieurs fois elle a pu vous fournir des preuves matérielles de cette heureuse tendance de l'opinion publique, et, en faisant le relevé des dépenses occasionnées depuis quelques années par la restauration des monuments historiques, elle a constaté que les subventions des départements ont été presque toujours égales à celles du ministère de l'intérieur.

Sociétés savantes.

L'empressement des départements et des communes à solliciter auprès de l'administration centrale des instructions aussi bien que des secours est encore un résultat dont il faut se féliciter; car les sacrifices les plus généreux seraient sans effet s'ils n'étaient dirigés vers un but véritablement utile.

Pendant que de toutes parts on réclame du Gouvernement une direction puissante pour les travaux d'art, ils continuent à demeurer partagés entre plusieurs ministères, qui exercent chacun une action indépendante beaucoup moins puissante que si elle partait d'un centre unique. Plusieurs fois la Commission a dû vous exprimer le regret qu'elle éprouve à voir nos monuments divisés par catégories imaginaires, et les secours que les Chambres leur attribuent proportionnés moins à leur importance matérielle qu'à leur subdivision administrative. Sur ce point, elle se bornera à vous renouveler ses vœux et à vous rappeler les inconvénients de l'état de choses actuel.

Les arts du moyen âge ont été longtemps l'objet d'un mépris sous lequel se cachait l'ignorance. Aujourd'hui, le préjugé qui ne connaissait d'autre beau que dans l'imitation de chefs-d'œuvre imparfaitement étudiés a perdu son pouvoir; nos écoles sont devenues moins exclusives : on pourrait même leur reprocher l'absence de système et de théories arrêtées en matière d'arts. Cet état d'incertitude, s'il ne promet point de chefs-d'œuvre nouveaux, a du moins cet avantage qu'il efface bien des préjugés et qu'il rend plus faciles et plus exactes les restaurations de tous les âges et de tous les styles. A aucune autre époque, peut-être, on n'aurait pu trouver des architectes assez instruits des procédés de l'art ancien pour les reproduire religieusement, assez modestes pour mettre toute leur gloire à faire revivre les ouvrages de leurs devanciers.

Malheureusement, à côté de cette tendance aux recherches archéologiques que l'on remarque aujourd'hui parmi nos artistes les plus distingués, les réactions de la mode, qui n'a pas besoin des convictions de l'étude, égarent bien des esprits superficiels et peuvent fausser le goût public. Tels qui admirent aujourd'hui l'art du moyen âge n'ont fait que lui transporter l'engouement irréfléchi qu'ils avaient peu auparavant pour l'art antique. L'un et l'autre, cependant, leur demeurent inconnus; incapables de sentir le beau où il se trouve véritablement, ils ne font point de distinction entre les productions grotesques d'un ignorant imagier du XVe siècle et les statues d'une Sabine de Steinbach. Ils déploreront du même ton la ruine de quelque masure gothique et celle de la plus belle cathédrale. Ce ne sont point des monuments qu'ils aiment, c'est une époque, et tout ce qui n'appartient pas à cette époque, ils voudraient l'anéantir, fanatiques aussi aveugles que les Vandales du dernier siècle qu'ils poursuivent sans cesse de leurs déclamations.

La Commission, Monsieur le Ministre, croit remplir vos intentions en combattant de tout son pouvoir ces fâcheuses tendances. Elle sait que les secours du Gouvernement ne doivent pas être employés à glorifier telle ou telle époque aux dépens de telle ou telle autre : elle cherche le beau dans tous les styles; tout ce qui présente un intérêt historique sérieux a des droits à son intérêt, et son étude constante est de ne réclamer votre protection que pour des monuments qui en soient vraiment dignes. Les instructions qu'elle donne aux architectes chargés par vous de restaurations importantes leur recommandent expressément de s'abstenir de toute innovation et d'imiter avec une fidélité scrupuleuse les formes dont les modèles se sont conservés. Là où il ne reste aucun souvenir du passé, l'artiste doit redoubler de recherches et d'études, consulter les monuments du même temps, du même style, du même pays, et en reproduire les types dans les mêmes circonstances et les mêmes proportions.

C'est surtout dans la restauration des monuments du moyen âge que le désir d'innover peut égarer parfois les artistes les plus éminents, lorsqu'au lieu de suivre pas à pas les traces toujours reconnaissables de leurs devanciers, ils veulent imprimer sur les édifices qu'ils réparent la trace de leur passage.

La Commission a cru reconnaître l'oubli des principes qu'elle vient d'exposer, dans les travaux importants exécutés depuis plusieurs années dans l'église de Saint-Denis. Ce n'est pas ici le lieu d'entrer dans de longs détails à ce sujet, mais elle ne peut s'empêcher de vous rappeler qu'à la suite d'observations *officieuses* qu'elle vous avait adressées, il y a quelques mois, sur la restauration de cet édifice, un de vos collègues vous communiqua un rapport d'une commission mixte de l'Institut sur les mêmes travaux. Bien que les conclusions de ce rapport soient au fond, sur tous les points importants, conformes à celles que vous avait présentées la Commission des monuments historiques, le défaut de publicité du rapport de la commission mixte a fait naître des méprises sur lesquelles il importerait d'appeler des explications complètes. La Commission des monuments historiques vous demande donc, Monsieur le Ministre, de vouloir bien faire publier la note qu'elle vous a remise et le rapport qui vous a été communiqué, en lui permettant d'y joindre de nouvelles observations, qui, elle l'espère, ne pourront qu'être profitables à l'art, et éclairer le public sur le véritable système qu'il convient de suivre dans la restauration des édifices anciens.

Les jugements portés sur les travaux auxquels il vient d'être fait allusion n'étaient pas nécessaires pour obliger la Commission à s'entourer des renseignements les plus positifs avant de soumettre à votre approbation les projets qui concernent nos monuments. Elle charge tous les ans des architectes qui possèdent sa confiance d'étudier sur les lieux la situation et les besoins des édifices pour lesquels de grandes réparations sont réclamées. Les études graphiques qui lui ont été présentées cette année, en lui faisant connaître l'état alarmant de plusieurs monuments d'un haut intérêt, pour lesquels de larges subventions sont devenues nécessaires, obligent la commission à vous rappeler de nouveau l'insuffisance du crédit des monuments historiques.

L'église de Saint-Philibert, à Tournus, l'un des édifices les plus anciens, les plus vastes et les plus beaux que nous possédions, exige des secours urgents. Sa situation est telle, que, s'ils étaient différés, sa ruine deviendrait inévitable.

Aujourd'hui l'on peut la prévenir encore; mais, bien que M. Questel ait rédigé son projet en se conformant aux instructions les plus précises pour se borner aux travaux de consolidation absolument nécessaires, la restauration de Saint-Philibert exige néanmoins des sacrifices considérables.

La façade de Notre-Dame, à Poitiers, si célèbre par les curieuses sculptures qui la couvrent depuis sa base jusqu'à son sommet, inspire en ce moment les plus vives inquiétudes. C'est encore un travail qui ne se peut ajourner et qui entraînera de grandes dépenses.

L'abbaye des Dames, dans le faubourg de Sainte-Palaye, à Saintes, depuis longtemps transformée en caserne, allait être démolie, lorsque, sur vos instantes réclamations, M. le ministre de la guerre a bien voulu révoquer cet ordre et donner l'assurance que cet admirable monument serait respecté et recevrait une destination qui n'altérerait pas son caractère. Toutefois, vous avez dû vous engager à y faire de grandes réparations; elles ne peuvent être différées; et en les confiant à M. Lion, déjà chargé des travaux de Notre-Dame, à Poitiers, vous en avez assuré la bonne exécution.

La Commission a constaté encore l'urgence et la nécessité de prompts et grands travaux pour la consolidation et les réparations de l'église de Loches et des abbayes de Preuilly et de Lessay, des églises de Civray et de Souillac. La

Commission ne vous a nommé que les édifices les plus considérables, que ceux qui réclament des secours qui ne peuvent être différés, et qu'il faut absolument proportionner à l'urgence et à l'étendue des besoins. Cependant, Monsieur le Ministre, vous n'igorez pas que les grandes restaurations qui s'exécutent en ce moment, et dont les principales vous ont été citées au commencement de ce rapport, doivent pendant plusieurs années encore absorber une portion considérable du crédit affecté aux monuments historiques. Il serait imprudent de les suspendre pour commencer les travaux dont on vient de vous signaler la nécessité. Il serait plus imprudent encore de consacrer à ces nouveaux travaux les secours réservés pour les monuments compris dans la seconde catégorie. C'est donc à la libéralité et à la justice des Chambres qu'il faut demander les moyens de pourvoir à des besoins dont l'urgence ne saurait être mise en doute.

Pour vous faire connaître la situation actuelle des monuments historiques, et vous montrer l'insuffisance des ressources affectées à leur conservation, il suffira, Monsieur le Ministre, de vous présenter ici le relevé, fait avec beaucoup de soin, de toutes les demandes de secours qui ont été adressées.

Nombre des édifices classés.

Les édifices qui peuvent prétendre à être classés parmi les monuments historiques sont, jusqu'à présent, au nombre de deux mille quatre cent vingt.

Conséquence du classement.

Vous n'ignorez pas, Monsieur le Ministre, que l'inscription sur le tableau des monuments historiques ne donne aucun titre aux secours du Gouvernement. Cependant elle constate l'importance d'un édifice, le rend l'objet d'une surveillance et d'une attention particulière, qui doit presque toujours se traduire tôt ou tard par une subvention, lorsque sa situation l'exige et que les ressources locales sont reconnues insuffisantes.

Les tournées annuelles d'inspection, si elles font effacer quelques noms de cette liste, en font inscrire un beaucoup plus grand nombre; en même temps, les progrès des études archéologiques appellent chaque jour l'attention des autorités sur de nouveaux édifices dont on fait, pour ainsi dire, la découverte. En un mot, on ne peut regarder comme complète cette liste de deux mille quatre cent vingt monuments. Presque tous ont été l'objet d'une demande de secours, dont le montant est le plus souvent indéterminé.

Nombre des affaires instruites.

Jusqu'à ce jour, quatre cent soixante-deux affaires seulement ont pu être suffisamment instruites pour que la Commission fût en état d'apprécier exactement le chiffre des dépenses qu'entraîneraient les réparations reconnues utiles et nécessaires.

Ces quatre cent soixante-deux devis s'élèvent ensemble à la somme de 5,959,217 francs.

Il faut observer que dans ce total ne figurent en général que des travaux de consolidation, c'est-à-dire qu'on n'y comprend pas les dépenses auxquelles donneraient lieu des restaurations complètes.

On se hâte d'ajouter que, bien que cette somme énorme ne représente que le sixième environ des demandes adressées au ministère de l'intérieur, on aurait tort d'évaluer à une somme six fois plus forte les besoins des deux mille quatre cent vingt monuments inscrits. On conçoit, en effet, que les affaires les plus urgentes ont été les premières instruites, et que les monuments les plus considérables et dont les réparations doivent être les plus dispendieuses sont ceux dont la situation a dû être étudiée de préférence.

D'un autre côté, on ne doit point perdre de vue que la plupart de nos monuments ont de sept cents à trois cents ans d'existence; que presque tous ont été mutilés par le fanatisme religieux ou la brutalité révolutionnaire; qu'ils ont été longtemps abandonnés sans soins; que, depuis quelques années seulement, un très-petit nombre a pu recevoir des secours en général trop faibles pour combattre avec succès les progrès de la destruction; enfin que, dans beaucoup de cas, des réparations maladroites ont aggravé leur situation plus malheureusement encore que le temps et l'incurie des hommes.

Le crédit annuel destiné à pourvoir à tant de besoins, augmenté encore par les subventions des communes et des départements, paraîtrait à peine suffisant pour entretenir d'une manière convenable le grand nombre de monuments que la France possède, si ces monuments se trouvaient aujourd'hui dans un état de conservation tolérable. Mais, vous le savez, Monsieur le Ministre, il n'en est point ainsi. Ce ne sont pas des réparations d'entretien qui sont réclamées par la plupart de nos édifices publics, ce sont des travaux de consolidation. On ne prétend point leur rendre leur ancienne splendeur, on s'estimerait heureux si l'on parvenait à les empêcher de s'écrouler. Lorsque la plupart d'entre eux auront été l'objet de travaux considérables et partant dispendieux, on pourra répondre alors de leur conservation; les soins et la dépense qu'elle entraînera pourront être prévus et calculés année par année. Malheureusement, un arriéré très-onéreux, si l'on peut s'exprimer ainsi, pèse sur le budget des monuments historiques. Jusqu'à ce qu'il soit comblé, c'est-à-dire jusqu'à ce que l'on ait fait disparaître les tristes traces d'une période d'incurie et de vandalisme, votre administration sera obligée de demander des ressources spéciales pour entreprendre la plupart des grands travaux dont la Commission vient de vous entretenir, et dont l'urgence n'est que trop bien démontrée. Faute de telles ressources, vous seriez souvent contraint d'abandonner à la destruction plusieurs monuments pour en sauver un seul, et, pour dernier résultat, vous ne parviendriez qu'à prolonger le spectacle d'une ruine inévitable.

Mais, Monsieur le Ministre, des Chambres françaises ne laisseront point périr, faute de secours, des monuments qui font la gloire du pays; pour faire un appel à leur libéralité, la Commission s'adressera à vous, avec confiance, toutes les fois qu'elle se trouvera en présence de besoins urgents, auxquels il vous serait impossible de satisfaire avec les ressources ordinaires de votre département.

Paris, le 15 mai 1846.

MONSIEUR LE MINISTRE, malgré l'intervalle de temps assez considérable qui s'est écoulé depuis que la Commission a eu l'honneur de vous présenter un aperçu général de ses travaux, elle ne peut vous signaler aujourd'hui d'amélioration bien notable dans la situation des monuments historiques; elle se voit, au contraire, obligée de reproduire ici les regrets et les vœux qu'elle exprimait dans son dernier rapport.

La faiblesse du crédit dont vous avez bien voulu qu'elle vous proposât la répartition annuelle imprime nécessairement une grande lenteur aux réparations qui s'exécutent aux frais de votre département. Concilier l'économie la plus sévère avec les nécessités commandées par la situation des monuments ou la nature des travaux, tel a été le but constant des efforts de la Commission. Avec des ressources notoirement insuffisantes, on pourrait s'applaudir de n'avoir suspendu aucune des grandes restaurations entreprises, d'en avoir assuré l'exécution et limité la durée : on a obtenu encore un succès plus difficile, en parvenant à secourir ou même à racheter des monuments dont la conservation semblait désespérée.

Église Saint-Julien à Tours.

Le plus important de tous était l'église de Saint-Julien, à Tours, admirable modèle de l'architecture du XIIIe siècle, arrivée à son plus complet développement. Devenue propriété particulière, cette église allait être entièrement dénaturée, lorsqu'une allocation très-considérable, que vous avez bien voulu accorder, et le concours généreux de Mgr l'archevêque de Tours, ont permis d'en effectuer l'acquisition. Si l'église de Saint-Julien est désormais garantie de la destruction, il est bien à désirer qu'elle reçoive promptement la meilleure et la seule destination qui lui convienne. Pour la réparer et la rendre au culte, de grands sacrifices sont encore nécessaires et vous les avez prévus. L'assistance de M. le ministre des cultes ne saurait lui manquer, et bientôt, sans doute, Saint-Julien reprendra son rang parmi les plus belles églises de la France.

Vous avez également autorisé l'acquisition de l'église romane de Silvacane, et obtenu du propriétaire de l'abbaye de Fontfroide la conservation de son beau cloître et de son église. Ces deux édifices, d'une architecture si remarquable, n'exigeront plus maintenant que quelques faibles dépenses d'entretien.

La libéralité des Chambres a pourvu, par un crédit spécial, aux réparations de quelques grands monuments, trop coûteuses pour être imputées sur le budget du ministère de l'intérieur. Grâce aux études approfondies que vous aviez prescrites, on a la certitude que les travaux maintenant en cours d'exécution ne dépasseront pas les évaluations annoncées. Cependant, une de ces restaurations demeurerait incomplète, si le projet ne recevait pas une extension indispensable.

Château de Blois. Les réparations qui s'exécutent au château de Blois, et dont vous avez apprécié vous-même l'excellente direction, devront-elles se borner à la partie de l'édifice construite sous François Ier? Ne comprendront-elles pas et la vaste salle des états et le corps de bâtiment élevé par Louis XII? En vous rappelant un vœu déjà exprimé dans les deux Chambres, la Commission se plaît à espérer que les mutilations qu'a subies ce noble palais cesseront bientôt d'affliger les regards.

Lorsque vous avez demandé un crédit spécial pour le château de Blois, les arènes d'Arles et l'église de Saint-Ouen, vous annonciez, Monsieur le Ministre, qu'il faudrait encore avoir recours, et plus d'une fois, à des allocations extraordinaires, comme au seul moyen de conserver des monuments d'un intérêt non moins incontestable, et dont la restauration dépasserait de beaucoup les ressources ordinaires dont vous pouvez disposer. Vous avez autorisé la Commission à faire préparer des projets et des devis pour la consolidation de ceux de ces édifices qui inspirent les plus sérieuses inquiétudes. Aujourd'hui ces projets sont terminés. Ils ont été examinés avec la plus scrupuleuse attention, réduits même aux travaux urgents et indispensables. Les noms des monuments pour lesquels des secours extraordinaires sont réclamés vous prouveront que la Commission s'est montrée sévère dans son choix. Il s'est porté sur des édifices qui sont, pour ainsi dire, des *types*, et qu'on ne pourrait abandonner à la destruction sans encourir les reproches de la postérité. Il suffit de nommer les églises de Sainte-Croix, à la Charité; de Saint-Philibert, à Tournus; de Saint-Nazaire, à Carcassonne; le temple d'Auguste et de Livie, et l'église de Saint-Maurice, à Vienne.

Paris, si riche autrefois en monuments de l'architecture civile du moyen âge, est menacé de perdre un des derniers souvenirs d'une époque si intéressante. On annonce la destruction prochaine de l'hôtel de Carnavalet; la Commission espère que les magistrats éclairés qui président à l'administration de la capitale feront leurs efforts pour la prévenir. Sans avoir recours à des acquisitions coûteuses, il serait possible, peut-être, d'arriver au même but par des échanges d'immeubles entre la ville et les particuliers, propriétaires de bâtiments classés au nombre des monuments historiques. Il est inutile de vous faire remarquer, Monsieur le Ministre, tout l'avantage qu'il y aurait à placer des établissements publics dans des édifices qui, soit par leur architecture, soit par les souvenirs qui s'y rattachent, excitent depuis longtemps le respect et l'admiration.

Hôtel de Cluny. L'hôtel de Cluny, devenu aujourd'hui un musée national, dont les développements rapides n'ont pas cessé d'attirer l'intérêt du public, exige encore des réparations considérables. Tout Paris a vu l'excellent effet des premiers travaux que vous avez fait exécuter. Débarrassé des constructions modernes qui le déparaient, l'hôtel de Cluny semble avoir pris aujourd'hui une importance toute nouvelle. Il a donné, pour ainsi dire, un autre aspect au quartier au milieu duquel il s'élève. Encore quelques travaux et ce beau palais aura repris son antique apparence.

La Commission appelle tout votre intérêt sur le projet de restauration de ce monument, projet dont la dépense, quelque modérée qu'elle soit, serait encore une trop lourde charge pour le budget des monuments historiques.

Musée de Cluny.

Le musée de l'hôtel de Cluny, qui reçoit toutes les semaines un nombre extraordinaire de visiteurs, n'avait pour son budget particulier qu'une somme à peine suffisante pour couvrir les dépenses d'entretien; cette allocation ne permettait pas d'entrer en concurrence, pour des acquisitions nouvelles, avec les amateurs qui se disputent aujourd'hui les objets d'art dans les ventes publiques. Dans son dernier rapport, la Commission sollicitait l'établissement d'un fonds, exclusivement consacré à l'achat d'objets d'art destinés à enrichir nos différents dépôts d'antiquités. Sans abandonner cette proposition générale, dont l'utilité lui semble toujours incontestable, elle se félicite aujourd'hui de la demande que vous avez bien voulu faire d'une subvention annuelle qui permette au musée de Cluny d'accroître et de compléter graduellement ses collections.

La Commission regrette de ne pouvoir vous annoncer, comme elle l'espérait, l'achèvement des travaux commencés il y a deux ans pour la reconstrution de l'arc romain de Saintes. Par suite de la démolition de l'ancien pont sur la Charente, vous savez, Monsieur le Ministre, qu'il a fallu déposer en entier le monument et le reconstruire à quelques mètres en arrière de son emplacement primitif. Si ce changement, commandé par une impérieuse nécessité, peut inspirer quelques regrets, il a permis, en compensation, de retrouver la base de l'arc, enfouie dans une des piles du pont, et de rendre toute son élégance à cette construction, si étrangement défigurée dans le moyen âge. Malheureusement une série d'inondations, jusqu'alors sans exemple, a retardé beaucoup les travaux. Ils sont arrivés aujourd'hui à un point où, toutes les difficultés matérielles étant surmontées, on peut en prévoir le rapide achèvement.

Concours.

La Commission se plaît à reconnaître que, dans ses travaux, elle a trouvé presque toujours une vive sympathie et souvent le concours le plus généreux de la part des autorités ecclésiastiques et des administrations municipales. La coopération de Mgr l'archevêque de Tours à l'acquisition de l'église de Saint-Julien vous a déjà été signalée. On doit à Mgr l'évêque de Strasbourg la conservation de l'intéressante église de Saint-Étienne, un des plus anciens monuments de l'Alsace. Les conseils municipaux de Nîmes, de Rouen, de Vienne, de Narbonne, de Carcassonne, de Saint-Omer, de Poissy, de Rembercourt, n'ont point hésité à voter des subventions importantes pour les réparations de leurs monuments. Le zèle de ces villes à conserver leurs nobles édifices, leur libéralité à pourvoir à leur entretien, devaient être pris en considération par l'administration centrale, et vous vous êtes associé à leurs généreux efforts par des allocations aussi considérables que l'état de votre budget pouvait le permettre,

Après ces exemples de généreux sacrifices, il est triste d'avoir à enregistrer des traits de vandalisme. On pourrait excuser peut-être cette indifférence qui laisse perdre, faute de secours, un monument dont personne n'a signalé l'importance, mais, ce que l'on ne saurait trop condamner, c'est cette manie barbare de détruire sans nécessité, d'abattre ce qui est ancien, en dépit des avertissements des gens de goût, en dépit même des réclamations du bon sens le plus vulgaire. La Commission, Monsieur le Ministre, ne peut s'empêcher de vous rappeler ici l'inqualifiable obstination du conseil général du Loiret et du conseil municipal d'Orléans à démolir l'ancien Hôtel-Dieu de cette ville. Que l'architecture si élégante de ce monument, que ses dispositions si commodes et si parfaitement appropriées à sa destination, n'aient pas été appréciées, on le comprend à peine; mais qui pourrait croire que dans une grande ville, à trois heures de la capitale, on ait pu oublier toute idée de saine économie et de bonne administration au point de persister pendant trois ans à renverser un édifice vaste, solide, susceptible de recevoir mainte destination utile? C'est cependant le spectacle que vient de donner le conseil municipal d'Orléans. Le prétexte de cette destruction, c'est le besoin de faire une place autour de la cathédrale. En vain la Commission a-t-elle représenté qu'il était possible, sans rien abattre, de faire cette place, de la faire régulière, de lui donner des dimensions convenables et une disposition monumentale. Elle n'eût point hésité, sans doute, à vous proposer de faire, aux frais de l'État, l'acquisition du monument, si le prix que la ville d'Orléans y mettait n'eût pas dépassé de beaucoup toutes vos ressources. Toutes les représentations ont été inutiles devant un corps municipal qui croit apparemment agrandir sa ville en la dotant d'une espèce de plaine pavée, sur laquelle, par un rare oubli des convenances, on met en regard la salle de spectacle et la cathédrale. A une époque où toutes les traditions d'art et de style étaient perdues, l'architecte de cette cathédrale avait respecté l'ancien hospice d'Orléans. Ce que le mauvais goût du XVIIIe siècle n'avait pu faire, l'ignorance et l'étourderie du XIXe l'auront accompli.

Si le goût des arts fait des adeptes, le vandalisme a les siens. L'exemple funeste donné par le conseil municipal d'Orléans allait être imité par celui de Beaugency. Là, comme à Orléans, c'était le désir de faire une grande place irrégulière qui portait à demander la destruction d'une église très-ancienne, un de ces rares monuments antérieurs au XIe siècle, comme on en voit si peu dans la France centrale.

Heureusement, Monsieur le Ministre, en prenant à la charge de votre département l'acquisition de cet intéressant édifice, vous le conserverez à une ville qui, probablement, vous remerciera un jour d'avoir résisté à ses imprévoyantes sollicitations.

Dans un moment où les spéculations industrielles préoccupent les esprits à un si haut degré, on ose à peine plaider la cause des arts en présence de ce qu'on nomme aujourd'hui les intérêts matériels. Mais, pour une nation comme la nôtre, la conservation des grands souvenirs, le respect des œuvres d'art, n'est-ce pas un devoir qu'elle ne doit jamais oublier? La Commission, Monsieur le Ministre, n'hésitera jamais à s'élever de toutes ses forces contre les projets qui sacrifieraient à de prétendues nécessités publiques des monuments anciens et vénérés.

Un des tracés proposés pour le chemin de fer de Lyon à Marseille supprime la moitié des remparts d'Avignon. Ces vieilles murailles, couronnées de créneaux et de machicoulis, qui rendent si pittoresque l'aspect de la ville, seraient remplacées par une chaussée. La Commission regarderait comme un malheur public la destruction de cette belle enceinte, si complète et si bien conservée jusqu'à ce jour. Malgré la faveur que le projet auquel nous faisons allusion a trouvée auprès de quelques personnes, un grand nombre de réclamations se sont élevées dans Avignon même.

Habitués à nous renfermer dans des questions d'art et d'érudition, il ne nous appartient pas de discuter ici les avantages que présente un autre tracé; notre devoir doit se borner à rappeler combien sont rares aujourd'hui les enceintes du moyen âge, et quel caractère elles donnent aux villes qui les possèdent.

Les Avignonais ont à leurs portes un exemple des inconvénients de cette fatale manie de nos jours, qui sacrifie le passé au présent. Carpentras, qui, grâce à ses remparts, passait autrefois pour une des plus jolies villes de l'ancien comtat Venaissin, les a démolis depuis peu, malgré nos vives réclamations. Il n'est point aujourd'hui de bourg d'un aspect plus vulgaire ni plus insignifiant.

Malgré la sourde opposition de vieux préjugés qui disparaissent tous les jours, les monuments du moyen âge n'ont été, à aucune époque, mieux appréciés qu'ils ne le sont aujourd'hui. Pour les restaurer convenablement, on dispose maintenant d'un assez grand nombre d'artistes habiles, élevés en dehors des systèmes exclusifs, et conduits, par une tendance naturelle à notre temps, à étudier avec curiosité les différents styles d'architecture dont la France offre tant de types remarquables. Ni l'expérience, ni l'érudition, ni l'amour de l'art, ne font défaut, quand il s'agit de réparer les ravages dont le temps ou le vandalisme ont laissé les traces sur nos vieux édifices. Mais il est une objection que l'ignorance élève et qu'une catastrophe récente semble confirmer jusqu'à un certain point.

La restauration de Saint-Denis, qui, bien que placée en dehors de la surveillance de la Commission, avait donné lieu, de sa part, à des réclamations réitérées, vient d'être interrompue par un accident déplorable. Le clocher de cette église, achevé depuis peu de temps, s'est lézardé d'une manière alarmante, et l'on a reconnu la nécessité de le démolir au plus vite. De cet accident, dont on n'a peut-être pas voulu voir la véritable cause, quelques personnes étrangères à la pratique de l'architecture ont pris un argument pour soutenir que les édifices du moyen âge ont fait leur temps, et que désormais leur ruine est devenue inévitable. Ainsi, l'on devrait laisser crouler tant de magnifiques monuments, ou, plutôt, une sage prévoyance conseillerait de les démolir comme dangereux pour la sûreté publique. Les conséquences de l'opinion que l'on vient d'exposer en sont une réfutation suffisante. Mais qu'on prenne la peine d'examiner ces monuments, pour ainsi dire condamnés. Sans doute, leur abandon prolongé, le manque d'entretien, les mutilations du vandalisme, ont rendu grave la situation de quelques-uns de nos grands édifices. Elle est loin d'être désespérée toutefois, et, si l'on recherche avec attention la cause des sinistres que l'on déplore ou que l'on redoute, il sera facile de reconnaître que le temps y a moins contribué que des travaux mal dirigés, qu'on nomme des restaurations, par une triste confusion de mots. Une expérience toute spéciale dans ces sortes de réparations est absolument nécessaire; elle est la seule garantie de leur réussite. La Commission croit pouvoir vous donner l'assurance qu'aucun accident semblable à celui qu'elle citait tout à l'heure n'est à craindre sous la surveillance et sous la direction des architectes commissionnés par votre département.

Dessins de maisons particulières pour la Commission.

La Commission a dû s'occuper de conserver le souvenir de quelques monuments remarquables, dont il est impossible de prolonger indéfiniment la durée. A sa prière, vous avez chargé M. Vaudoyer de relever et de dessiner un assez grand nombre de maisons anciennes qui existent à Orléans. Dans une ville où le respect des monuments anciens n'est point enseigné par l'administration municipale, on doit s'attendre à voir disparaître rapidement des constructions en général peu solides et sans cesse exposées à être altérées par leurs propriétaires. Il n'y avait pas un moment à perdre pour étudier la disposition et les détails de ces habitations, qui jettent le plus grand jour sur les usages et les mœurs du moyen âge. Le travail de M. Vaudoyer a répondu à votre attente, et vous avez apprécié le soin et le zèle qu'il a mis à remplir sa mission.

Vous jugerez sans doute à propos, Monsieur le Ministre, de faire continuer ce travail dans d'autres localités non moins intéressantes; plusieurs villes de France possèdent encore des maisons fort anciennes et d'une architecture très-remarquable. Quelques-unes de ces maisons sont tellement importantes, que, si l'état des fonds le permettait, la Commission croirait devoir vous en proposer l'acquisition. Telles sont, par exemple, la maison des Ménétriers de Reims, la maison du XIIe siècle de Saint-Gilles, plusieurs maisons à Cordes, à Angers, à Provins, etc. Espérons que les administrations communales seconderont de leurs efforts ceux que vous voudrez bien faire pour conserver au pays des souvenirs si précieux.

D'autres monuments, d'une conservation encore plus difficile que celle des maisons particulières, ont été l'objet d'un travail plus général. Vous avez chargé M. Denuelle de dessiner en plusieurs lieux des peintures anciennes dont chaque jour efface quelque trait. Déjà plusieurs dessins, d'une exactitude scrupuleuse et d'une excellente exécution, ont été mis sous vos yeux. La Commission attache beaucoup de prix à voir continuer cet intéressant travail.

Peinture.

Plusieurs fois, et notamment dans son dernier rapport, la Commission a réclamé une augmentation du fonds attribué à la conservation des monuments historiques. Permettez-lui d'insister de nouveau et avec plus de force, car jamais cette augmentation n'a été si nécessaire. Depuis longtemps, la tâche de la Commission ne consiste plus guère qu'à constater des besoins urgents qu'elle ne peut satisfaire. Chaque jour de nouvelles demandes lui sont soumises, dont elle est obligée de proposer l'ajournement; et, cependant, une espèce de responsabilité pèse sur elle. Le public connaît ses attributions, mais ignore l'insuffisance de ses moyens d'action. L'abandon d'un monument peut être imputé à sa négligence, lorsqu'il n'est, en effet, qu'une nécessité fatale, résultat de l'épuisement de ses ressources.

Insuffisance du crédit.

C'est à vous, Monsieur le Ministre, témoin de ses efforts et de ses regrets, qu'il appartient de la tirer d'une situation si pénible. La cause des arts a toujours été populaire en France, et, aujourd'hui que les monuments historiques de toutes les époques sont appréciés par les gens de goût, pourrait-on refuser à l'administration les moyens de conserver ces glorieux souvenirs? La Commission ose se flatter que les restaurations exécutées sous sa surveillance ont ôté à la critique le droit d'en contester l'utilité et d'en nier les heureux résultats.

Paris, le 19 juillet 1850.

Monsieur le Ministre, la révolution, qui a changé tant de choses en France, n'a pas diminué l'intérêt qui s'attache à nos monuments nationaux, intérêt bien tardif, il est vrai, et qui succède à une longue période de vandalisme ou d'indifférence. Les travaux qui ont pour objet la restauration de nos anciens édifices sont aujourd'hui exactement appréciés. Naguère on a pu ne les regarder que comme une étude, ou même un amusement à l'usage des archéologues; maintenant l'influence considérable qu'ils ont exercée sur les arts, sur l'industrie, sur le goût public, atteste leur importance et leur utilité. Un autre résultat qu'on doit signaler, c'est le perfectionnement remarquable des nombreux ouvriers employés dans ces mêmes travaux. Dans tous nos départements, aujourd'hui, se sont formés des hommes d'élite. Chacun dans sa profession a fait des progrès considérables, et a, par conséquent, amélioré ses moyens d'existence. Il est à regretter qu'à une époque où la stagnation des affaires pesait d'une manière si cruelle sur les ouvriers en bâtiment, l'administration, au lieu de les employer à des travaux stériles, n'ait pas essayé de leur procurer une occupation sérieuse et profitable en se servant de leurs bras et de leur intelligence pour la restauration de nos monuments.

Les avertissements à ce sujet n'ont pas manqué de la part de la Commission, et, peu de jours après la révolution, elle adressait à un de vos prédécesseurs une série de projets étudiés à l'avance, et pouvant recevoir une exécution immédiate. Elle faisait remarquer que les travaux de restauration occupent presque toutes les classes d'artisans et d'artistes; qu'il n'en est point où la dépense soit plus profitable aux classes laborieuses, puisqu'elle est presque entièrement le prix de la main-d'œuvre. La variété des travaux et même les difficultés d'exécution stimulent le zèle et développent l'intelligence des ouvriers. Répartis en petits groupes et disséminés sur toute l'étendue du territoire de la République, ils peuvent vivre à moins de frais et échappent aux funestes séductions qui trop souvent les attendent dans les grandes villes.

Ces considérations, Monsieur le Ministre, qui heureusement n'ont plus la même force aujourd'hui, ne sont pas les seules qui puissent être invoquées en faveur des travaux de restauration. Si, en présence des difficultés financières du moment, quelques personnes étaient tentées de n'y voir qu'une dépense de luxe, pour ainsi parler, on pourrait répondre que ces édifices inexactement définis par le nom de *monuments historiques*, ont une destination publique et une utilité de tous les jours. A part quelques ruines romaines, gigantesques souvenirs d'un peuple dont l'histoire est la base de notre système d'éducation, que sont nos monuments historiques, sinon des églises, des hôtels de ville, des palais de justice? Supposons, pour un moment, que ces magnifiques modèles des arts d'une autre époque soient entièrement détruits, ne faudrait-il pas les remplacer par d'autres églises, d'autres hôtels de ville, d'autres palais de justice? Supposons encore que le goût public et le sentiment de la dignité nationale fussent tellement changés en France, que, dans ces constructions nouvelles, tout art, ou du moins tout ornement fût absolument banni, et que l'on ne refît enfin que ce qui est strictement indispensable pour l'utilité matérielle, il ne sera douteux pour personne que la dépense résultant de ces tristes constructions ne fût infiniment supérieure à celle que coûterait la restauration complète de nos admirables monuments. A ne considérer les choses qu'au point de vue pratique, leur conservation est donc nécessaire; elle est au nombre des devoirs d'une administration éclairée. Mais est-ce en France, où le goût est si développé, qu'on doit tenir un pareil langage? Ce n'est pas à vous, Monsieur le Ministre, que la Commission a besoin de rappeler la protection que les arts ont toujours trouvée dans ce pays et l'éclat qu'ils ont jeté sur son histoire.

Les agitations des deux années qui viennent de s'écouler, sans interrompre les travaux de restauration que votre département dirige, y ont cependant jeté quelque trouble, et la Commission a dû récemment appeler votre attention sur des faits regrettables, qui probablement ne se renouvelleront pas. A ce sujet, elle a cru devoir vous adresser quelques observations sur le fâcheux effet de la suppression du bureau des monuments historiques au ministère de l'intérieur, et vous proposer des modifications dans le système de comptabilité. Ces modifications, qui ont pour but d'accélérer l'exécution des travaux, auront sans doute d'heureux résultats; mais il est impossible de se dissimuler que ce ne sont encore que des améliorations partielles, et qu'il reste beaucoup à faire pour établir dans les travaux de restauration l'unité de système et de direction si nécessaire à leur succès.

A différentes reprises, la Commission a entretenu vos prédécesseurs de la fâcheuse division d'attributions qui place les monuments historiques dans plusieurs départements ministériels, et, par suite, sous des influences quelquefois opposées. Elle a réclamé souvent contre la séparation des cathédrales, dont la plupart sont des monuments historiques de premier ordre. Ces réclamations, toujours écartées par des considérations politiques, ne seront pas renouvelées aujourd'hui que le département des cultes, par la création d'un comité spécial, a introduit dans son administration les principes que la Commission s'applique depuis longtemps à faire prévaloir. Mais ce n'est pas seulement entre deux ministères que les monuments historiques sont divisés; le ministère des travaux publics et celui de la guerre en ont encore dans leurs attributions.

Peu de jours après le 24 février, la Commission demandait au Gouvernement provisoire que les palais et châteaux dépendants de l'ancienne liste civile fussent placés dans les attributions du ministère de l'intérieur, comme monuments historiques. Assurément personne ne contestera ce titre au palais des Tuileries, au château de Fontainebleau, à ces résidences où se rattachent les souvenirs de Henri IV, de Louis XIV, de l'empereur Napoléon. Cette proposition fut cependant rejetée, ainsi qu'une autre présentée à la même époque et tendant à ce que les *manufactures royales* fussent réunies à l'administration des beaux-arts. En faisant ces réclamations, la Commission a cru remplir un devoir; elle est animée du même sentiment en appelant votre attention sur les inconvénients du système qui a prévalu.

Il est inutile de revenir sur les erreurs qui ont signalé la restauration de l'église de Saint-Denis, entreprise par le ministère des travaux publics, en ce moment surtout où les travaux viennent d'être confiés à un architecte (M. Viollet-Leduc) dont la Commission s'applaudit d'avoir distingué la première le zèle et le talent. Ce qui se passe à la Sainte-Chapelle de Paris suffit pour prouver tous les inconvénients qui résultent du manque d'une direction unique.

La Sainte-Chapelle est restaurée par les soins du ministère des travaux publics; c'est cependant un monument historique, s'il en fut. La ville de Paris et le ministère de l'intérieur, il faut bien l'avouer, concourent à l'agrandissement du Palais de Justice. Les deux entreprises se poursuivent à la fois. Tandis qu'on restaure à grands frais la Sainte-Chapelle, on élève à côté des constructions qui en obstruent le porche, en masquent les verrières, et qui déversent leurs eaux au pied de ses contre-forts. Ainsi les fonds de l'État servent à restaurer un édifice et à rendre inutile cette même restauration. Les choses en sont venues au point qu'après des dépenses considérables on reconnaît aujourd'hui la nécessité de dégager la Sainte-Chapelle et de démolir une partie des nouvelles constructions du palais.

Bien que l'administration des travaux publics ait pour spécialité la direction des constructions nouvelles, on conçoit qu'aidée des lumières d'un conseil composé d'architectes distingués elle ait qualité pour intervenir dans la restauration de monuments du moyen âge; il est plus difficile de comprendre comment l'administration de la guerre prend à ces mêmes travaux une part assez active.

Parmi les édifices élevés par des communautés religieuses et que la révolution a fait entrer dans le domaine de l'État, un assez grand nombre, et quelques-uns fort importants, ont été cédés au ministère de la guerre. Tout en regrettant cette attribution, la Commission n'aura pas besoin sans doute de déclarer qu'elle ne prétend pas mettre en comparaison pour un instant les intérêts de l'art avec ceux de l'honneur national. Quel monument existe-t-il dont la conservation puisse être mise en balance avec le salut de la patrie? En 1831, à Soissons, en jetant les fondements d'un bastion, on découvrit deux statues antiques [1] et plusieurs fragments faisant partie du fameux groupe de la famille de Niobé. Toutes les apparences étaient qu'en poursuivant les fouilles on découvrirait les autres statues de ce groupe, et quelques journées de travail auraient suffi pour cette opération. M. le ministre de la guerre, sur l'avis de MM. les officiers du

[1] Celles du Pédagogue et d'un des Niobides, groupe extrêmement curieux et qui diffère de celui qu'on voit à Florence.

génie, s'y refusa. Le ministre de l'intérieur n'insista point, car on était dans l'attente d'une guerre, et on alléguait le besoin de fortifier Soissons au plus vite. Mais ces cas d'urgence sont rares, et, dans presque toutes les occasions, l'administration de la guerre use de la même inflexibilité. Vos prédécesseurs ont demandé à plusieurs reprises que, pour la restauratian des monuments historiques affectés au service de la guerre, des architectes attachés à votre département fussent chargés de la conduite et de la surveillance des travaux, quitte à se conformer aux exigences commandées par la destination militaire des bâtiments. Cette offre a toujours été repoussée. Récemment encore, à l'occasion des réparations de la chapelle du château de Vincennes, un refus semblable a été formulé, et motivé sur la compétence de MM. les officiers du génie dans les travaux de cette nature et leur respect connu pour l'art et les monuments.

Malheureusement les faits parlent. Quiconque a visité le château des Papes, à Avignon, a pu juger du respect de MM. les officiers du génie pour les monuments du moyen âge. Peut-être, à la vérité, ce château est-il nécessaire à la défense du pays, qui serait compromise si l'on avait respecté le couronnement de quelques tours ou conservé quelques vieilles sculptures. Une place moins importante, c'est le château de Blois, dont l'aile bâtie par F. Mansard, pour Gaston d'Orléans, est convertie en caserne. On ose affirmer qu'aucun architecte n'eût fait l'escalier qu'y a construit un officier du génie; aucun n'aurait mis le ministère de la guerre en dépense pour gratter à vif l'ornementation de la façade. On peut espérer encore que l'intégrité du territoire n'eût pas été compromise, si l'on avait confié à un architecte la direction des travaux exécutés récemment dans le couvent des Dominicains à Toulouse. Que cet édifice soit indispensable au service de l'artillerie, cela est possible; mais personne ne doutera qu'un architecte n'eût apporté plus de soins à en changer les dispositions. Probablement il aurait trouvé moyen de donner du jour sans démolir des fenêtres en ogive, sans casser des meneaux de pierre pour les remplacer par des murs en briques; en un mot, il eût évité de transformer complétement un monument unique en son genre, lequel pourtant doit un jour être rendu *dans son état primitif* à la ville de Toulouse, qui le loue au ministère de la guerre.

Les exemples qui viennent d'être cités sont célèbres; on pourrait en ajouter bien d'autres; mais ils suffiront à prouver cette confusion regrettable dans des attributions qui devraient être distinctes. D'où vient que des officiers exercent les fonctions d'architectes? Toute l'Europe a pu apprécier le savoir comme le courage de nos officiers du génie; toutes nos provinces attestent qu'ils s'entendent beaucoup mieux à renverser des forteresses qu'à conserver des monuments. Encore si, mettant de côté toute considération d'art, on faisait d'un couvent un fort ou bien une caserne, avec le but avoué d'en faire oublier la destination primitive; mais non, le ministère de la guerre proteste de son intention de conserver tous les vestiges qui intéressent les arts. Ce n'est point un arsenal qu'on veut faire à Vincennes. On prétend conserver à la chapelle son caractère religieux; on l'ordonne très-expressément à MM. les officiers du génie, en leur rappelant qu'ils ont à restaurer la chapelle de Charles V et de François Ier. Alors n'est-il pas permis de déplorer une dépense qui ne peut être que fort aventurée; car à qui persuadera-t-on qu'un militaire, qui sait bâtir et renverser des bastions, ait appris dans ses campagnes à restaurer une église?

A dire vrai, Monsieur le Ministre, ce n'est pas seulement MM. les officiers du génie qui ont besoin d'étudier avec plus de soin l'architecture du moyen âge, et il est à regretter que cet enseignement n'ait pas dans notre École des beaux-arts tout le développement désirable. Il y a en France un grand nombre de cathédrales, d'églises, d'hôtels de ville, bâtis depuis le XIIe siècle jusqu'au XVe, c'est-à-dire dans des styles d'architecture dont les lois, les moyens, les procédés ne sont point enseignés dans nos écoles. La dépense de leur entretien, de leurs réparations, est considérable. Ces édifices, on le sait, occupent un grand nombre d'architectes. Or comment se fait-il que le Gouvernement ne prenne aucune mesure pour former des hommes dont il a sans cesse besoin de réclamer les services?

Le bon goût, l'intelligence de nos artistes, leurs études particulières, suppléent sans doute à ce défaut d'un enseignement public; mais il en résulte fréquemment des erreurs fâcheuses, car, dans un pays comme le nôtre, où le pouvoir de la mode est grand, où l'on est parfois téméraire dans les expériences, bien des gens se hasardent dans des entreprises dont ils n'ont pas mesuré la portée.

Si le mépris irréfléchi qu'on avait, il y a peu d'années encore, pour l'architecture du moyen âge, ne menace plus nos monuments de ces mutilations brutales dont on voit tant de traces, le goût non moins irréfléchi de quelques personnes pour la même architecture peut occasionner parfois presque autant de mal. MM. les officiers du génie ne sont pas les seuls qui croient pouvoir restaurer d'instinct un édifice du moyen âge. Les exemples sont malheureusement nombreux de réparations entreprises avec plus de présomption que d'intelligence... Entre autres faits regrettables, la Commission a dû vous signaler la restauration, ou plutôt la barbare décoration de l'église de Cognac, et surtout les peintures exécutées à Sainte-Radegonde de Poitiers, qui ne se distinguent des badigeonnages les plus médiocres que par quelques réminiscences archéologiques : ces tristes effets d'un zèle inconsidéré, car il est inutile de dire que ces travaux ne se font point avec les fonds de l'État, se répètent fréquemment; et, lorsque des curés ou des fabriques disposent de quelques fonds, il est rare qu'ils s'adressent, pour les employer, à des artistes qui en feraient un bon usage. Ni les conseils, cependant, ni les instructions, ni les défenses, n'ont fait défaut. Les architectes attachés à votre département ou à celui des cultes, depuis la nouvelle et excellente réorganisation du service des édifices religieux, se sont toujours empressés de mettre à la disposition des fabriques ou des communes leur zèle et leur expérience. Néanmoins, on leur préfère souvent des maçons ignorants, et bien des gens, pour s'être occupés d'études archéologiques, se croient en état de diriger des travaux comme des architectes : c'est ainsi qu'on altère l'aspect et le caractère des plus beaux monuments. Il est à craindre que ces déplorables méprises ne se multiplient, si des exemples sévères n'apprennent que les édifices publics ne sont point destinés à des expériences ou à des fantaisies individuelles, et qu'on ne peut leur nuire sans payer le dommage qu'on a causé. La Commission, Monsieur le Ministre, vous supplie de prendre les mesures les plus énergiques à cet égard, et si, contre son opinion, la législation actuelle ne suffit pas pour assurer une protection efficace à nos monuments, de demander à l'Assemblée nationale des armes nouvelles pour combattre un vandalisme nouveau.

Le ministère de l'intérieur, en prenant l'initiative d'une réforme si nécessaire, doit surtout donner l'exemple d'une grande réserve dans le choix des objets d'art destinés à la décoration de nos édifices religieux. Sous la précédente administration, des tableaux ont été souvent donnés à des églises où il était difficile de les exposer sans nuire à l'effet de l'architecture. La Commission s'est élevée contre ces présents souvent inutiles et quelquefois dangereux. Qu'il lui soit permis de vous représenter de nouveau tous les inconvénients qui existent à ne pas assortir l'ornementation au caractère d'un édifice, et les avantages que des peintures *murales* ont, dans presque tous les cas, sur des peintures *mobiles*, pour la décoration des églises.

La Commission a l'honneur de vous soumettre le tableau des allocations accordées à nos édifices nationaux pendant l'année qui vient de s'écouler. Des rapports spéciaux sur chacun de ces édifices vous ont indiqué l'état d'avancement des travaux, les résultats obtenus, les dépenses qui restent à faire. En comparant ce tableau à la liste des monuments historiques classés, c'est-à-dire de ceux dont l'importance, au point de vue de l'art, a été constatée, vous comprendrez d'un coup d'œil quelle est la tâche de votre Commission; elle consiste à faire un choix entre des besoins presque toujours également pressants, à distinguer les monuments dont la conservation mérite un intérêt exceptionnel, enfin à répartir les secours de telle sorte qu'ils s'appliquent partout où ils sont indispensables, sans toutefois se subdiviser au point de perdre de leur efficacité. En un mot, Monsieur le Ministre, il s'agit de désigner les édifices qui doivent *subsister*. La plupart de nos monuments sont arrivés à ce terme critique où les meilleures constructions ont besoin de réparations considérables. Les ressources manquent;

13

de toutes parts on signale des désastres imminents : malheureusement il est impossible de les prévenir tous.

L'insuffisance du fonds des monuments historiques, réduit encore en 1849, se fait surtout sentir lorsqu'il s'agit de réparations très-considérables, pour lesquelles des allocations médiocres, quoique longtemps répétées, seraient sans résultats utiles. Le rapport du budget de 1848 reconnaissait que, dans de tels cas, il fallait avoir recours à des crédits spéciaux qui permettent de donner aux restaurations une activité et un ensemble tournant en dernière analyse au profit de l'économie. Les restaurations du château de Blois, des Arènes d'Arles, de l'église Saint-Ouen à Rouen, ont constaté les avantages de ce système : la Commission l'a toujours proposé à vos prédécesseurs comme le seul applicable à certaines restaurations dont l'urgence s'accroît tous les jours. Récemment encore, elle reproduisait un projet pour la consolidation de l'église de Notre-Dame, à Laon, noble édifice qui remonte aux premiers essais de l'art gothique. Sa situation est telle, que, sur un avis de la Commission, son porche a dû être étayé il y a deux ans. Mais des étais n'ont qu'une durée assez courte, et le moment approche où il faudra opter entre deux partis : ou bien démolir l'église dans l'intérêt de la sûreté publique, ou bien accorder les fonds nécessaires pour la réparer. Ce projet, ainsi que plusieurs autres moins importants, a été longuement étudié par la Commission, approuvé par vos prédécesseurs. Ils demeureront inexécutés cependant, tant que des ressources nouvelles ne permettront pas de les entreprendre.

En vous rappelant la situation vraiment alarmante d'un assez grand nombre de nos monuments historiques, la Commission vous supplie, Monsieur le Ministre, ne fût-ce que pour ne pas assumer une responsabilité immense, de faire connaître à l'Assemblée nationale les besoins pressants de ces nobles édifices, qui sont une des gloires du pays.

LISTE

DES MONUMENTS HISTORIQUES DE LA FRANCE

CLASSÉS PROVISOIREMENT.

AIN.

ARRONDISSEMENT DE BOURG.

Église de Brou, à Bourg, et tombeaux.
Église Saint-André de Bagé.

ARRONDISSEMENT DE BELLEY.

Collection de monuments antiques du collége de Belley.
Château de Briord (inscriptions mérovingiennes).
Aqueduc, à Vieux.

ARRONDISSEMENT DE NANTUA.

Église de Nantua (portail).
Temple d'Izernore.

ARRONDISSEMENT DE TRÉVOUX.

Église de Saint-Paul de Varax (porche).

AISNE.

ARRONDISSEMENT DE LAON.

Église Notre-Dame de Laon.
Église Saint-Martin de Laon.
Chapelle des Templiers, à Laon.
Château de Coucy.
Église Saint-Julien de Royaucourt.
Abbaye de Prémontré, PP.
Grange de l'abbaye de Vauclère.
Église de Nouvion-le-Vineux.
Église de Marle.

ARRONDISSEMENT DE CHÂTEAU-THIERRY.

Maison de La Fontaine, à Château-Thierry, PP.
Église de Mezy-Moulins.
Église d'Essommes.
Château de Fère-en-Tardenois, PP.
Château de la Ferté-Milon.
Église de la Ferté-Milon (vitraux).

ARRONDISSEMENT DE SAINT-QUENTIN.

Collégiale de Saint-Quentin.
Hôtel de ville, à Saint-Quentin.
Maison de l'Ange, à Saint-Quentin, PP.
Camp de Vermand.
Baptistère de Vermand.

ARRONDISSEMENT DE SOISSONS.

Cathédrale de Soisssons.
Abbaye de Saint-Médard, à Soissons.
Clochers de Saint-Jean-des-Vignes, à Soissons.
Abbaye Notre-Dame, à Soissons.
Chapelle Saint-Pierre-au-Parvis, à Soissons.
Cirque de Soissons.
Maison du XVIe siècle, rue Saint-Christophe, à Soissons, PP.
Église Saint-Yved, à Braisne.
Tombeaux de l'église de Cerseuil.
Château de François Ier, à Villers-Cotterets (dépôt de mendicité).

ARRONDISSEMENT DE VERVINS.

Portail de l'église d'Aubenton.
Chœur de l'église Saint-Michel, près d'Hirson.
Église d'Esquehéries.
Église de la Vacqueresse.

ALLIER.

ARRONDISSEMENT DE MOULINS.

Vitraux et tableaux de la cathédrale de Moulins.
Chapelle du lycée de Moulins (mausolée du duc de Montmorency).
Église de Bourbon-l'Archambault.
Château de Bourbon-l'Archambault.
Église de Saint-Menoux.
Église de Souvigny.
Ancienne église Saint-Maur, à Souvigny, PP.
Église de Meilliers.
Église de Toulon.

ARRONDISSEMENT DE GANNAT.

Église d'Ébreuil.
Église de Veauce.
Église de Biozat.
Église de Saint-Pourçain.
Église de Cogniat.
Église de Vicq (crypte).
Ancienne abbaye de Chantelle.

ARRONDISSEMENT DE LA PALISSE.

Église de Châtel-Montagne.
Château de la Palisse, PP.

ARRONDISSEMENT DE MONTLUÇON.

Église d'Huriel.
Monuments antiques de Néris.
Église de Néris.

ALPES (BASSES-).

ARRONDISSEMENT DE DIGNE.

Église de Notre-Dame, à Digne.
Chapelle circulaire de Riez.
Colonnes antiques de Riez.
Église de Seyne.
Château de Gréoulx.

ARRONDISSEMENT DE BARCELONNETTE.

Tour de l'horloge de Barcelonnette.
Église d'Allos.

ARRONDISSEMENT DE CASTELLANE.

Ancienne cathédrale de Senez.

ARRONDISSEMENT DE FORCALQUIER.

Clocher de l'église de Manosque.
Rotonde de Simiane.
Pont de Céreste.

ARRONDISSEMENT DE SISTERON.

Église de Sisteron.
Tours de Sisteron.

ALPES (HAUTES-)

ARRONDISSEMENT DE GAP.

Église de Lagrand.
Chapelle du château de Tallard.

ARRONDISSEMENT D'EMBRUN.

Ancienne cathédrale d'Embrun.
Temple de Chorges.

ARDÈCHE.

ARRONDISSEMENT DE PRIVAS.

Église de Bourg-Saint-Andéol.
Église de Cruas.
Clocher de la cathédrale de Viviers.
Maison des chevaliers, à Viviers, PP.

ARRONDISSEMENT DE L'ARGENTIÈRE.

Église de Thines.
Église de l'ancienne abbaye de Mazan, à Montpezat.

ARRONDISSEMENT DE TOURNON.

Église de Champagne.

ARDENNES.

ARRONDISSEMENT DE MÉZIÈRES.

Église de Braux.

ARRONDISSEMENT DE RETHEL.

Église Saint-Nicolas de Rethel.
Château de Tugny.

ARRONDISSEMENT DE SEDAN.

Église de Mouzon.

ARRONDISSEMENT DE VOUZIERS.

Portail de l'église de Vouziers.
Église de Verpel.
École d'Attigny, dite la Mosquée.
Abbaye d'Attigny.
Église de Sainte-Vauxbourg.

ARIÉGE.

ARRONDISSEMENT DE FOIX.

Château de Foix.
Chapelle de Sabart.
Église d'Unac.
Château de Montségur.

ARRONDISSEMENT DE PAMIERS.

Église de la Roque.
Église de Mirepoix.
Château de Mirepoix.

ARRONDISSEMENT DE SAINT-GIRONS.

Cloître de Saint-Lizier.

AUBE.

ARRONDISSEMENT DE TROYES.

Cathédrale de Troyes.
Église Saint-Urbain de Troyes.
Église de la Madeleine, à Troyes.
Portail de l'église de Saint-André, à Troyes.
Église Saint-Jean, à Troyes.
Église de Saint-Nizier, à Troyes.
Chapelle Saint-Gilles, à Troyes.
Église Saint-Pantaléon, à Troyes.
Hôtel Vauluizant, à Troyes.
Église de Bérulle.
Église de Montiéramcy.
Vitraux de l'église d'Ervy.
Vitraux de l'église Saint-Martin-ès-Vignes.
Jubé de l'église de Villemaur.
Porte de l'ancien palais des comtes de Champagne, à Troyes, PP.
Maison de l'Élection, à Troyes.
Hôtel de Mauroy, à Troyes, PP.
Hôtel de Marizy, à Troyes, PP.

ARRONDISSEMENT D'ARCIS-SUR-AUBE.

Église d'Arcis-sur-Aube.
Église de Luitre.

ARRONDISSEMENT DE BAR-SUR-AUBE.

Église Saint-Maclou, à Bar-sur-Aube.
Église Saint-Pierre, à Bar-sur-Aube.
Église de Rosnay.

ARRONDISSEMENT DE BAR-SUR-SEINE.

Église de Fouchères.
Église de Mussy-sur-Seine.
Église de Ricey-Bas.
Église de Rumilly-les-Vaudes.
Vitraux de l'église de Chappes.
Église de Chaource.

ARRONDISSEMENT DE NOGENT-SUR-SEINE.

Église de Saint-Laurent, à Nogent-sur-Seine.
Église de Villenauxe.

AUDE.

ARRONDISSEMENT DE CARCASSONNE.

Fortifications de la cité de Carcassonne.
Église Saint-Nazaire, à Carcassonne.
Église de Rieux-les-Minervois.
Église Saint-Vincent de Montréal.

ARRONDISSEMENT DE CASTELNAUDARY.

Église de Saint-Papoul (cloître).

ARRONDISSEMENT DE LIMOUX.

Ancienne cathédrale d'Alet.
Église de Saint-Hilaire, à Limoux.

ARRONDISSEMENT DE NARBONNE.

Église Saint-Paul de Narbonne.
Ancien évêché de Narbonne.
Église Saint-Just, à Narbonne.
Cloître de Fontfroide, P.P.

AVEYRON.

ARRONDISSEMENT DE RODEZ.

Cathédrale de Rodez.
Maison ancienne, à Rodez.
Église Sainte-Foy, à Conques.

ARRONDISSEMENT DE SAINT-AFFRIQUE.

Abbaye de Belmont.
Abbaye de Sylvanès.

ARRONDISSEMENT DE VILLEFRANCHE.

Ancienne abbaye de Villefranche.
Château de Bournazelles, PP.

ARRONDISSEMENT D'ESPALION.

Église de Perse.
Ruines de Bonneval, PP.

ARRONDISSEMENT DE MILHAU.

Église de Nant.

BOUCHES-DU-RHÔNE.

ARRONDISSEMENT DE MARSEILLE.

Église de la Majore, à Marseille.
Caves de Saint-Sauveur, à Marseille (constructions romaines).
Église de l'abbaye Saint-Victor, à Marseille.
Souterrains de Saint-Victor, à Marseille.
Marché dit *du Puget*, à Marseille.
Hôtel de ville de Marseille.
Maison du Puget, à Marseille.

ARRONDISSEMENT D'AIX.

Cathédrale d'Aix.
Église Saint-Jean, à Aix.
Bains, dits *de Sextius*, d'Aix.
Maisons de la Renaissance, à Aix.
Camp d'Entremont, au-dessus d'Aix.
Pont antique de Saint-Chamas.
Ancienne abbaye de Silvacane.
Église de Saint-Laurent, à Salon.
Murs de Salon.

ARRONDISSEMENT D'ARLES.

Théâtre romain, à Arles.
Amphithéâtre d'Arles.
Restes du palais de Constantin, à Arles.
Tour dite de la Trouille, à Arles.
Obélisque d'Arles.
Colonne de Saint-Lucien, à Arles.
Église et cloître de Saint-Trophime, à Arles.
Église basse de Saint-Césaire, à Arles.
Ancienne église Saint-Jean (musée), à Arles.
Église Saint-Honorat, à Arles.
Monuments des Aliscamps, à Arles.
Chapelle des Porcelets, aux Aliscamps d'Arles.
Église de Saint-Gabriel.
Tour de Saint-Gabriel.
Ancienne abbaye de Montmajour.
Chapelle Sainte-Croix de Montmajour.
Grotte de Cordes.
Église des Saintes-Maries.
Arc de triomphe antique de Saint-Remi.
Mausolée antique de Saint-Remi.
Maison du Planet, à Saint-Remi.
Église Sainte-Marthe, à Tarascon.
Château de Tarascon.
Tombeaux au Puy de Vernègues.
Temple de la Maison-Basse de Vernègues.
Murs et maisons des Baux.

CALVADOS.

ARRONDISSEMENT DE CAEN.

Église de la Trinité (abbaye aux Dames), à Caen.

Église Saint-Gilles, à Caen.
Église Saint-Étienne (abbaye aux Hommes), à Caen.
Église Notre-Dame, à Caen.
Église Saint-Pierre, à Caen.
Église Saint-Jean, à Caen.
Église Saint-Nicolas, à Caen.
Hôtel d'Escoville, à Caen.
Maison des Gendarmes, à Caen.
Maisons de la Renaissance, à Caen.
Ancienne salle du Collége, à Caen.
Église de Bernières.
Église de Saint-Contest.
Église de Fresne-Camilly.
Prieuré de Saint-Gabriel.
Église de Norey.
Église d'Ouistreham.
Église de Secqueville en-Bessin.
Église de Thaon.
Église de Bretteville-l'Orgueilleuse.
Église de Langrune.
Église de Mathieu.
Église de Cully.
Église d'Audrieu.
Église de Mouen.
Église de Douvres.
Église de Fontaine-Henri.
Château de Fontaine-Henri, PP.
Château de Lasson, PP.

ARRONDISSEMENT DE BAYEUX.

Cathédrale de Bayeux.
Tapisserie de Bayeux.
Église de Tour, près Bayeux.
Chapelle du séminaire de Bayeux.
Église d'Asnières.
Église de Colleville.
Église d'Étreham.
Église de Formigny.
Église de Louvières.
Église de Ryes.
Église de Vierville.
Église de Campigny.
Église de Guéron.
Église de Marigny.
Église de Briqueville.
Église de Vouilly.
Église de Saint-Loup, près Bayeux.

ARRONDISSEMENT DE FALAISE.

Château de Falaise.
Église Saint-Gervais, à Falaise.
Église Saint-Jacques, à Falaise.
Église de Guibray, près Falaise.
Église du Maizières.
Église de Sassy.

ARRONDISSEMENT DE LISIEUX.

Église Saint-Pierre de Lisieux.
Église de Saint-Pierre-sur-Dive.
Église de Vieux-Pont-en-Auge.
Église de Sainte-Marie-aux-Anglais.
Église du Breuil.

ARRONDISSEMENT DE PONT-L'ÉVÊQUE.

Église Saint-Pierre, à Touques.

ARRONDISSEMENT DE VIRE.

Église de Vire.

CANTAL.

ARRONDISSEMENT D'AURILLAC.

Église de Montsalvi.
Église de Saint-Cernin (boiseries).
Château d'Anjony, PP.

ARRONDISSEMENT DE SAINT-FLOUR.

Église de Villedieu.

ARRONDISSEMENT DE MAURIAC.

Église de Notre-Dame-des-Miracles, à Mauriac.
Église d'Ydes.
Église de Brageac.
Église Saint-Martin-Valmeroux.

ARRONDISSEMENT DE MURAT.

Église de Bredons.

CHARENTE.

ARRONDISSEMENT D'ANGOULÊME.

Cathédrale d'Angoulême.
Château d'Angoulême.
Chapelle de Saint-Gelais, à Angoulême.
Abbaye de la Couronne, PP.
Église Saint-Michel d'Entraigues.
Château de Larochefoucauld, PP.
Église de Charmant.
Église de Roullet.
Église de Plassac.
Église de Torsac.
Église de Montbron.
Église de Mouthiers.
Château de Chatois.

ARRONDISSEMENT DE BARBEZIEUX.

Château de Barbezieux.
Église d'Aubeterre.
Église de Montmoreau.
Cône d'Osna, près de Brossac.
Église de Riou-Martin.

ARRONDISSEMENT DE COGNAC.

Église de Châteauneuf.
Église de Gensac.
Crypte de l'église de Richemont.
Dolmens à Saint-Fost.

ARRONDISSEMENT DE CONFOLENS.

Église Saint-Barthélemy, à Confolens.
Menhir, à Essé.
Église de Lesterps.

CHARENTE-INFÉRIEURE.

ARRONDISSEMENT DE LA ROCHELLE.

Église d'Esnandes.
Dolmen de la Jarne.

ARRONDISSEMENT DE JONSAC.

Ancien château de Jonsac.

ARRONDISSEMENT DE MARENNES.

Église de Marennes.
Église d'Échillais.
Église de Moëze.
Église Saint-Denis d'Oléron.

ARRONDISSEMENT DE ROCHEFORT.

Église de Surgères.

ARRONDISSEMENT DE SAINTES.

Église Saint-Eutrope, à Saintes.
Église Saint-Pierre, à Saintes.
Église Sainte-Marie-des-Dames, à Saintes.
Amphithéâtre de Saintes.
Arc romain, à Saintes.
Aqueduc du Douhet.
Église de Saint-Gemmes.
Église de Rétaud.
La Pirelonge, près de Saint-Romain-de-Benet.
Église de Thézac.

ARRONDISSEMENT DE SAINT-JEAN-D'ANGELY.

Église Saint-Pierre, à Aulnay.
Église de Fénioux.
Croix, à Fénioux.
Pyramide d'Ébéon.
Château de Taillebourg.

CHER.

ARRONDISSEMENT DE BOURGES.

Cathédrale de Bourges.
Église de Saint-Bonnet (vitraux), à Bourges.
Porte de Saint-Ours, à la préfecture, à Bourges.
Hôtel d'Allemand ou maison des Sœurs-Bleues, à Bourges.
Hôtel de Jacques Cœur, à Bourges.
Maison de Cujas (gendarmerie), à Bourges.
Église des Aix-d'Angillon.

Château de Mehun-sur-Yèvre.
Église de Mehun-sur-Yèvre.
Château de Meilhant, PP.
Église de Plaimpied.

ARRONDISSEMENT DE SAINT-AMAND.

Église de la Celle-Bruère.
Église de Charly, tombe de Chevaliers dans le cimetière.
Église de Condé.
Abbaye de Noirlac, près Saint-Amand, PP.
Ruines romaines de Drevant.
Église de Dun-le-Roi.
Église de Saint-Pierre-des-Étieux.
Église d'Ineuil.
Église de Châteaumeillant.
Château de Croï, à Culan.
Château d'Ainay-le-Vieil, PP.

ARRONDISSEMENT DE SANCERRE.

Château d'Aubigny, PP.
Château de Sancerre.
Église de Saint-Satur.
Église d'Aubigny.
Château de la Verrerie d'Aubigny.
Château de Boucard, PP. (canton de Vailly).
Église de Jars.

CORRÈZE.

ARRONDISSEMENT DE TULLE.

Cathédrale de Tulle.
Arènes de Tintiniac.
Église d'Uzerche.
Château de Ventadour (commune de Moustier).

ARRONDISSEMENT DE BRIVES.

Église Saint-Martin, à Brives-la-Gaillarde.
Église d'Arnac-Pompadour.
Église d'Aubazine.
Église de Beaulieu.
Église de Saint-Cyr-la-Roche.
Église de Saint-Robert.
Chapelle de Ségur.
Tour de César, à Turenne.

ARRONDISSEMENT D'USSEL.

Église de Saint-Angel.
Église de Meymac.
Église d'Ussel.

CORSE.

ARRONDISSEMENT DE BASTIA.

Église de la Canonica.
Église de Saint-Césaire.
Église de Santa-Cristina, près Cervioni.
Église de Saint-Michel, à Murato.
Église de Saint-Florent-de-Nebbio.
Tour de Sénèque, près de Luri.
Stantare de San-Gavino.

ARRONDISSEMENT D'AJACCIO.

Statue d'Appriciani.

ARRONDISSEMENT DE SARTÈNE.

Église Saint-Dominique, à Bonifacio.
Stantare de Rizzanese.
Stazzona de la vallée du Taravo.
Stazzona de Cauria.
Stantare de Tallano.
Stantare de Grossa.
Stazzona, à Grossa.
Stantare de Belvedere-Campomoro.

CÔTE-D'OR.

ARRONDISSEMENT DE DIJON.

Cathédrale de Saint-Bénigne, à Dijon.
Église Notre-Dame de Dijon.
Façade de l'église Saint-Michel, à Dijon.
Église Saint-Étienne, à Dijon.
Église Saint-Philibert, à Dijon.

Église Saint-Jean, à Dijon (aujourd'hui marché).
Château de Dijon.
Ancienne Chartreuse et puits de Moïse, à Dijon.
Hôtel des ambassadeurs d'Angleterre, à Dijon.
Palais des ducs de Bourgogne, à Dijon.
Église de Saint-Seine.
Église de Rouvres.
Église de Plombières.
Église de Thil-Châtel.
Monument de Fontaine-Française.

ARRONDISSEMENT DE BEAUNE.

Église de Beaune.
Hôpital de Beaune.
Église de Meursault.
Chapelle de Pagny.
Colonne romaine, à Cussy.
Tabernacle de l'église de Foissy.
Église de Sainte-Sabine.

ARRONDISSEMENT DE CHÂTILLON-SUR-SEINE.

Peintures de l'église Saint-Vorle, à Châtillon-sur-Seine.
Église d'Aignay-le-Duc.
Ruines de Landunum, canton de Laignes.

ARRONDISSEMENT DE SEMUR.

Église de Semur.
Château de Semur.
Église de Flavigny.
Château de Montbard, PP.
Abbaye de Fontenay, près Montbard, PP.
Église de Saulieu.
Église de Saint-Thibault.
Château de Thoisy-la-Berchère, PP.
Château d'Époisse, PP.
Château de Bourbilly, près Semur, PP.
Château de Bussy-Rabutin, PP.

COTES-DU-NORD.

ARRONDISSEMENT DE SAINT-BRIEUC.

Cathédrale de Saint-Brieuc (Monument de Saint-Guillaume dans la).
Église de Lanleff.
Église Notre-Dame de Lamballe.
Prieuré de Notre-Dame-du-Tertre, à Châtelaudren. (Peintures.)
Menhirs de Quintin.
Abbaye de Beauport, PP. près Paimpol.
Église de Montcontour. (Vitraux.)

ARRONDISSEMENT DE DINAN.

Église de Saint-Sauveur de Dinan.
Prieuré de Lehon.
Ruines romaines, dites *Temple de Mars*, à Corseul, près de Dinan.

ARRONDISSEMENT DE LANNION.

Crypte de l'église Saint-Pierre de Lannion.
Ancienne cathédrale et cloître de Tréguier.
Château de Tonquedec.

CREUSE.

ARRONDISSEMENT DE GUÉRET.

Église de la Souterraine.
Vitraux de la chapelle Saint-Pierre, à Fursac.

ARRONDISSEMENT D'AUBUSSON.

Église d'Évaux.
Thermes antiques, à Évaux.
Tombeau de Barthélemy de la Place dans l'église de Chénérailles.

ARRONDISSEMENT DE BOURGANEUF.

Église de Bénévent.

ARRONDISSEMENT DE BOUSSAC.

Château de Boussac. (Tapisseries.)
Église Sainte-Valérie, à Chambon.

DORDOGNE.

ARRONDISSEMENT DE PÉRIGUEUX.

Cathédrale de Périgueux.
Église de la Cité, à Périgueux.
Amphithéâtre de Périgueux.
Tour de Vesonne, à Périgueux.
Tour de Mataguerre, à Périgueux.
Château de Barrière, à Périgueux, PP.
Château de Saint-Astier.
Château de Bourdeille.
Abbaye de Brantôme.
Château de Hautefort, PP.

ARRONDISSEMENT DE BERGERAC.

Église de Beaumont.
Chapelle du château de Biron.
Cloître de Cadouin.
Église de Montpazier.
Église de Saint-Avit-Seigneur.

ARRONDISSEMENT DE NONTRON.

Château de Mareuil, PP.
Église de Cercles.
Église de Saint-Jean-de-Col.
Église de Bussières-Badil.
Château de Jumillac-le-Grand, PP.

ARRONDISSEMENT DE SARLAT.

Ancienne cathédrale de Sarlat.
Chapelle sépulcrale de Sarlat.
Église de Saint-Cyprien.

ARRONDISSEMENT DE RIBÉRAC.

Église de Saint-Privat.

DOUBS.

ARRONDISSEMENT DE BESANÇON.

Cathédrale de Besançon.
Église et cloître Saint-Vincent de Besançon.
Porte Noire, à Besançon.
Palais du cardinal Granvelle, à Besançon.

ARRONDISSEMENT DE BEAUME-LES-DAMES.

Chapelle d'Aigremont, à Roullans.

ARRONDISSEMENT DE MONTBÉLIARD.

Ruines romaines, à Mandeurre.
Église de Courtefontaine.

ARRONDISSEMENT DE PONTARLIER.

Abbaye de Montbenoît.
Prieuré de Morteau.
Ancienne église abbatiale de Sept-Fontaines.

DRÔME.

ARRONDISSEMENT DE VALENCE.

Cathédrale de Valence.
Pendentif de Valence.
Église de Saint-Bernard, à Romans.
Taurobole, à Tain.

ARRONDISSEMENT DE DIE.

Ancienne cathédrale de Die.
Porte Saint-Marcel, à Die.
Église de Chabrillan.

ARRONDISSEMENT DE MONTÉLIMAR.

Église de Grigan.
Château de Grigan, PP.
Ancienne cathédrale de Saint-Paul-Trois-Châteaux.
Église de Saint-Restitut.
Église Saint-Marcel-lès-Sauzet.
Église de la Garde-Adhémar.

EURE.

ARRONDISSEMENT D'ÉVREUX.

Cathédrale d'Évreux.
Église de Saint-Taurin, à Évreux.
Tour de l'Horloge, à Évreux.
Église de Conches.
Château de Chambray, près Condé-sur-Iton, PP.

Église de Pacy-sur-Eure.
Tour de l'église de Rugles.
Église de Vernon.
Tour des archives, à Vernon.
Église de Vernonet.
Église de Saint-Luc.
Tour de l'église de la Magdeleine, à Verneuil.
Maisons de la Renaissance, à Verneuil.
Donjons et remparts, à Verneuil.
Obélisque d'Ivry-la-Bataille.
Église de Tillières.

ARRONDISSEMENT DES ANDELYS.

Église du Grand-Andely.
Église du Petit-Andely.
Château-Gaillard, aux Andelys.
Église de Gisors.
Château de Gisors.
Donjon de Neaufles-Saint-Martin.

ARRONDISSEMENT DE BERNAY.

Ancienne église de l'abbaye, à Bernay.
Vitraux de Notre-Dame-de-la-Couture, à Bernay.
Restes de l'ancienne abbaye de Beaumont-le-Roger.
Tour de l'abbaye du Bec.
Église de Broglie.
Église de Fontaine-la-Soret.
Chapelle de l'hospice d'Harcourt.
Château d'Harcourt.
Église d'Harcourt.
Portail de l'église de Serquigny.
Église de Boisney.
Château de Beaumesnil.
Tour de l'église de Beaumontel.
Église de Thibouville.

ARRONDISSEMENT DE LOUVIERS.

Église Notre-Dame-de-Louviers.
Abbaye de Bonport.
Château de Gaillon.
Église de Pont-de-l'Arche.

ARRONDISSEMENT DE PONT-AUDEMER.

Vitraux de l'église de Pont-Audemer.
Église d'Annebaut.
Église de Quillebeuf.

EURE-ET-LOIR.

ARRONDISSEMENT DE CHARTRES.

Cathédrale de Chartres.
Porte Guillaume, à Chartres.
Église de Saint-Aignan, à Chartres.
Église Saint-Père, à Chartres.
Ancienne église Saint-André, à Chartres.
Ancienne église de Leauens, à Chartres.
Maison du Médecin, à Chartres.
Château de Maintenon, PP.
Aqueducs de Louis XIV, à Maintenon, PP.
Monuments druidiques et oppidum gaulois de Changé.
Chapelle des Trois-Maries, à Mignières.
Église de Gallardon.
Sarcophage dans l'église de Saint-Piat.

ARRONDISSEMENT DE CHÂTEAUDUN.

Château de Châteaudun, PP.
Château d'Alluye, PP.
Château de Courtalin, PP.
Mosaïque de Marboué.
Église de Bonneval.
Château de Montigny-le-Ganelon, PP.
Maison en bois, à Brou, PP.

ARRONDISSEMENT DE DREUX.

Église Saint-Pierre, à Dreux.
Hôtel de ville de Dreux.
Verrières de l'église de Saint-Lubin-des-Joncherets.
Église de Nogent-le-Roi.
Château d'Anet, PP.
Château de Sorel.

ARRONDISSEMENT DE NOGENT-LE-ROTROU.

Château de Villebon, PP.

Tombeau de Sully, dans l'hospice de Nogent-le-Rotrou.

FINISTÈRE.

ARRONDISSEMENT DE QUIMPER.

Cathédrale de Quimper.
Chapelle épiscopale, à Quimper.
Église de Loctudy.
Église de Pen-Marc'h.
Église de Plogastel-Saint-Germain.
Monuments celtiques de Plomelin.
Monuments celtiques de Poullan.
Église de Pontcroix.
Cromlec'hs de Plobannalec.

ARRONDISSEMENT DE BREST.

Église Notre-Dame du Folgoët.
Église de Goulven.
Chapelle de Daoulas.

ARRONDISSEMENT DE CHÂTEAULIN.

Aqueduc de Carhaix.
Cromlec'hs de Crozon.
Galerie celtique, à Gouézec.
Église de Pleyben.
Église de Loc-Ronan.

ARRONDISSEMENT DE MORLAIX.

Église de Saint-Jean-du-Doigt.
Église de Lambader.
Crypte de Lanmeur.
Ancienne cathédrale de Saint-Pol-de-Léon.
Église Notre-Dame du Creisquer, à Saint-Pol-de-Léon.

ARRONDISSEMENT DE QUIMPERLÉ.

Église Sainte-Croix de Quimperlé.

GARD.

ARRONDISSEMENT DE NÎMES.

Maison-Carrée, à Nîmes.
Amphithéâtre de Nîmes.
Monument dit Temple de Diane, à Nîmes.
Thermes antiques, à Nîmes.
Porte d'Auguste, à Nîmes.
Porte de France, à Nîmes.
Tour-Magne, à Nîmes.
Bassin de jaugeage, à Nîmes.
Façade de la cathédrale, à Nîmes.
Remparts d'Aigues-Mortes.
Tour de Constance, à Aigues-Mortes.
Église de Saint-Gilles.
Maison romane, à Saint-Gilles.
Pont du grand Gallargues.
Chapelle Saint-Louis, à Beaucaire.
Fortifications de Beaucaire.

ARRONDISSEMENT D'UZÈS.

Tour d'Uzès.
Pont du Gard.
Église de Villeneuve-lès-Avignon et tableaux.
Ruines de la Chartreuse et fresque de l'école de Giotto, à Villeneuve.
Hospice, tableaux et tombeau d'Innocent VI, à Villeneuve.
Château et tour de Villeneuve.

GARONNE (HAUTE-).

ARRONDISSEMENT DE TOULOUSE.

Église métropolitaine de Toulouse.
Église et couvent des Jacobins, à Toulouse.
Église du Taur, à Toulouse.
Capitole de Toulouse.
Église Saint-Cernin et Manecanterie, à Toulouse.
Église des Cordeliers, à Toulouse.
Cloître des Augustins, à Toulouse.
Collége de Toulouse.
Hôtels et maisons à Toulouse.

ARRONDISSEMENT DE MURET.

Église de Venerque.

ARRONDISSEMENT DE SAINT-GAUDENS.

Église de Saint-Gaudens.
Église de Saint-Avantin.
Ancienne cathédrale de Saint-Bertrand de Cominges.
Église Saint-Just de Valcabrère.
Église de Montsaunès.

GERS.

ARRONDISSEMENT D'AUCH.

Cathédrale d'Auch (verrières et chœur).

ARRONDISSEMENT DE CONDOM.

Ancienne cathédrale de Condom.

ARRONDISSEMENT DE LECTOURE.

Façade de l'église de Fleurance.

ARRONDISSEMENT DE LOMBEZ.

Église de Lombez.
Église de Simorre.

ARRONDISSEMENT DE MIRANDE.

Donjon de Bassouès.

GIRONDE.

ARRONDISSEMENT DE BORDEAUX.

Cathédrale et cloître Saint-André de Bordeaux.
Église Sainte-Croix, à Bordeaux.
Église Saint-Seurin, à Bordeaux.
Église Sainte-Eulalie, à Bordeaux.
Église Saint-Michel, à Bordeaux.
Église Saint-Bruno, à Bordeaux.
Clocher de Peyberland, à Bordeaux.
Tombeau de Michel Montaigne, dans la chapelle du collége, à Bordeaux.
Restes du cirque Gallien, à Bordeaux.
Église d'Avensan.
Château de Blanquefort.
Église de Bouillac.
Château de Cadillac.
Église de Léognan.
Église de Loupiac de Cadillac.
Église de Moulis.
Château de Veyrines, à Mérignac.
Enceinte murale de Rions.
Église de la Sauve.

ARRONDISSEMENT DE BAZAS.

Ancienne cathédrale de Bazas.
Église d'Aillas.
Église du Pondaurat.
Église d'Uzeste.

ARRONDISSEMENT DE LA RÉOLE.

Église Saint-Pierre de la Réole.
Façade de l'église de Blazimon.
Église de Sainte-Ferme.
Église de Saint-Macaire.
Église de Saint-Michel.

ARRONDISSEMENT DE LESPARRE.

Église de Bégadan.
Église de Gaillan.
Église de Vertheuil.
Abside de l'église de Saint-Vivien.
Phare de Cordouan.

ARRONDISSEMENT DE LIBOURNE.

Église de Saint-Denis de Piles.
Église de Saint-Émilion.
Église Saint-Pierre de Petit-Palais.
Église de Pujols.
Dolmen, à Pujols.
Château de Rauzan.

HÉRAULT.

ARRONDISSEMENT DE MONTPELLIER.

Église de Castries.
Église Sainte-Croix, à Celleneuve.
Église de Saint-Guilhem-le-Désert.
Église de Maguelonne.
Abbaye de Vignogoul, à Pignan.
Abbaye de Valleniagne, PP.

Église de Villeneuve-lès-Maguelonne.

ARRONDISSEMENT DE BÉZIERS.

Église Saint-Nazaire, à Béziers.
Ancienne cathédrale d'Agde.
Église d'Espondeilhan.
Tour de Puisalicon.
Pont de Saint-Thibéry.

ARRONDISSEMENT DE LODÈVE.

Église de Saint-Fulcran de Lodève.
Église de Saint-Paul de Clermont.
Église de Saint-Pargoire.

ARRONDISSEMENT DE SAINT-PONS.

Église de Saint-Pons.

ILLE-ET-VILAINE.

ARRONDISSEMENT DE RENNES.

ARRONDISSEMENT DE FOUGÈRES.

Château de Fougères.
Les celliers de Landeau.

ARRONDISSEMENT DE MONFORT-SUR-MEU.

Église de Montauban.
Enceinte vitrifiée de Péran.

ARRONDISSEMENT DE REDON.

Église Saint-Sauveur de Redon.
Chapelle Sainte-Agathe de Langon.

ARRONDISSEMENT DE SAINT-MALO.

Château de Combourg.
Ancienne cathédrale de Dol.

ARRONDISSEMENT DE VITRÉ.

Église de Vitré.
Dolmen d'Essé.

INDRE.

ARRONDISSEMENT DE CHÂTEAUROUX.

Église de Châtillon-sur-Indre.
Abbaye de Déols et tombeau à Déols.
Colonne creuse d'Estrées.
Église de Levroux.
Église de Méobecq.
Église de Saint-Genou.
Église de Saint-Martin d'Ardent.

ARRONDISSEMENT DU BLANC.

Colonne creuse de Saint-Georges, à Ciron.
Ruines de l'abbaye de Fontgombaud.
Église de Mezières-en-Brenne.
Château Guillaume, près Bélabre.

ARRONDISSEMENT D'ISSOUDUN.

Chapelle de la Tour d'Issoudun.
Vitraux de l'église d'Issoudun.
Arbre de Jessé, dans la chapelle de l'hôpital, à Issoudun.
Dolmen, à Linier.

ARRONDISSEMENT DE LA CHÂTRE.

Vitraux de l'église de la Châtre.
Église de Gargilesse.
Dolmen, à Montchevrier.
Église de Neuvy-Saint-Sépulcre.
Dolmen, à Saint-Plantaire.
Église de Nohant-Vic (peintures).

INDRE-ET-LOIRE.

ARRONDISSEMENT DE TOURS.

Cathédrale de Tours.
Tours de l'abbaye Saint-Martin, à Tours.
Cloître de l'abbaye Saint-Martin, à Tours.
Église Saint-Julien de Tours.
Caves de l'archevêché, à Tours.
Murailles romaines à l'archevêché, à Tours.
Maison dite de Tristan, à Tours.
Ruines du Plessis-lès-Tours.
Église Saint-Denis, à Amboise.
Château d'Amboise.
Camp romain, à Amboise.
Maison de Léonard de Vinci, à Amboise.
Château de Chenonceaux.

Tour de Cormery.
Aqueduc de Luynes.
La grotte aux Fées, près Mettray.
Lanterne de Roche-Corbon.
Église de Vernou.

ARRONDISSEMENT DE CHINON

Château de Chinon.
Abbaye de Sainte-Mesme, à Chinon.
Église d'Azay-le-Rideau.
Église de Candes.
Chapelle de Champigny, PP.
Église de Langeais.
Château de Langeais, PP.
Pile de Saint-Mars.
Château d'Ussé, PP.
Église de Rivière.
Chapelle Sainte-Catherine de Fierbois.

ARRONDISSEMENT DE LOCHES.

Chapelle du Liget.
Église Saint-Ours de Loches.
Château de Loches.
Tour Saint-Antonin, à Loches.
Hôtel de ville de Loches.
Église de Beaulieu.
Église de Montrésor.
Église de Preuilly.

ISÈRE.

ARRONDISSEMENT DE GRENOBLE.

Cathédrale de Grenoble.
Crypte de Saint-Laurent de Grenoble.
Château de Vizille, PP.

ARRONDISSEMENT DE SAINT-MARCELLIN.

Église Saint-Antoine, près Saint-Marcellin.
Église de Marnans.

ARRONDISSEMENT DE LA TOUR-DU-PIN.

Église de Saint-Chef.

ARRONDISSEMENT DE VIENNE.

Église Saint-André-le-Bas, à Vienne.
Église Saint-Maurice, à Vienne.
Église Saint-Pierre, à Vienne.
Temple d'Auguste et de Livie, à Vienne.
Escaliers antiques de Vienne.
Aiguille de Vienne.
Théâtre antique, à Vienne.

JURA.

ARRONDISSEMENT DE LONS-LE-SAUNIER.

Église de Baume-les-Messieurs.

ARRONDISSEMENT DE DÔLE.

Église de Chissey.

ARRONDISSEMENT DE POLIGNY.

Église Saint-Anatole de Salins.

LANDES.

ARRONDISSEMENT DE DAX.

Église de Sordes.
Église Saint-Paul de Dax.

ARRONDISSEMENT DE SAINT-SEVER.

Orgues de l'église de Saint-Sever.
Crypte de l'église de Saint-Géron, à Hagetmau.
Église de Sainte-Quitterie, au Mas-d'Aire.

LOIR-ET-CHER.

ARRONDISSEMENT DE BLOIS.

Église de Saint-Laumer, à Blois.
Château de Blois avec ses anciennes dépendances.
Hôtel d'Alluye, à Blois, PP.
Maison de Denis Dupont, à Blois, PP.
Tour d'Argent, à Blois, PP.
Fontaine de Louis XII, à Blois.
Église de Saint-Aignan.
Chapelle de Saint-Lazare, près Saint-Aignan, PP.

Château de Beauregard, PP.
Château de Chaumont, PP.
Château de Chiverny, PP.
Château de Chambord, PP.
Église de Mesland.
Mur romain de Thésée.
Château de Fougères, PP.
Église de Nanteuil, à Montrichard.
Église de Cour-sur-Loire.
Église Saint-Lubin, à Suèvres.

ARRONDISSEMENT DE ROMORANTIN.

Église de Romorantin.
Tour de la porte de Romorantin.
Chapelle d'Aiguevive, PP.
Église de Lassay.
Église de Saint-Thaurin, à Selles-Saint-Denis.
Église de Saint-Genoux, à Selles-Saint-Denis.
Église de Selles-sur-Cher.

ARRONDISSEMENT DE VENDÔME.

Église de la Trinité, à Vendôme.
Château de Vendôme.
Hôtel de ville de Vendôme.
La Poissonnière, maison de Ronsard, dans le Vendômois.
Château de Sainte-Outrille.
Prieuré Notre-Dame-des-Marchais.
Chapelle Saint-Gilles de Montoire, PP.
Château de Montoire.
Église de Nourray.
Église de Troo.
Château de Lavardin.
Église de Lavardin.
Ferme de Meslay.

LOIRE.

ARRONDISSEMENT DE ROANNE.

Église d'Ambierle.
Abbaye de Charlieu.
Église de Bénison-Dieu.
Château de Boisy, PP.
Château de la Bâtie, PP.

ARRONDISSEMENT DE MONTBRISON.

Église Notre-Dame de Montbrison.
Église du prieuré de Saint-Romain-le-Puy.
Église de Bourg-Argental.

HAUTE-LOIRE.

ARRONDISSEMENT DU PUY.

Cathédrale du Puy.
Cloître de la cathédrale du Puy.
Église Saint-Jean, au Puy.
Baptistère, dit Temple de Diane, au Puy.
Église Saint-Laurent, au Puy.
Église Saint-Michel de l'Aiguilhe, au Puy.
Bâtiments de l'Université de Saint-Mateul, au Puy.
Église de Chamalières.
Église de Monestier.
Château de Polignac.
Église de Saint-Paulien.
Église de Saugues.

ARRONDISSEMENT DE BRIOUDE.

Église de Saint-Julien-de-Brioude.
Dolmen, près de Brioude.
Église et cloître de la Chaise-Dieu.
Église et cloître de Chanteuges.
Dolmen de Langeac.
Dolmen de Morgeac.
Cromlec'h, à Rougeac.
Église et cloître de la Vaudieu.
Église de Cistrières-Lamandy.
Église de Sainte-Marie de Chazes.
Église de la Voûte-Chilhac.

ARRONDISSEMENT D'YSSENGEAUX.

Église de Bauzac.
Église de Saint-Didier-la-Sauve.
Église de Riotord.

LOIRE-INFÉRIEURE.

ARRONDISSEMENT DE NANTES.

Cathédrale de Nantes.
Portail de la chapelle Notre-Dame, à Nantes.
Château de Nantes.
Église Saint-Jacques, à Nantes.
Château de Clisson.

ARRONDISSEMENT DE CHÂTEAUBRIANT.

Château de Châteaubriant, PP.

ARRONDISSEMENT DE SAVENAY.

Chapelle du Mûrier, au bourg de Batz.
Église de Saint-Gildas-des-Bois.
Église de Saint-Gonstan.
Église de Guérande.

LOIRET.

ARRONDISSEMENT D'ORLÉANS.

Cathédrale d'Orléans.
Église de Saint-Aignan, à Orléans (crypte).
Ancien hôtel de ville d'Orléans (musée).
Chapelle Saint-Jacques, à Orléans.
Crypte de Saint-Avit, dans le séminaire d'Orléans.
Maison rue de Recouvrance, dite de François Ier, à Orléans.
Maison rue des Albanais, dite de Diane de Poitiers, à Orléans.
Maison rue du Tabour, dite d'Agnès Sorel, à Orléans.
Hôtel Grossot (hôtel de ville), à Orléans.
Maisons de la Renaissance, à Orléans.
Ancienne salle des thèses de l'Université, à Orléans.
Église de Beaugency.
Tour de César, à Beaugency.
Église Saint-Étienne de Beaugency.
Hôtel de ville de Beaugency.
Tombeaux dans l'église de Châteauneuf.
Église Notre-Dame de Cléry.
Église de Germigny-des-Prés.
Église de Meung.
Église de la Chapelle Saint-Mesmin.
Église de Saint-Benoît-sur-Loire.

ARRONDISSEMENT DE GIEN.

Palais de Justice de Gien (ancien château).
Maisons du XVIe siècle.
Château de Sully, PP.
Église de Saint-Brisson.

ARRONDISSEMENT DE MONTARGIS.

Église de Ferrières.
Amphithéâtre de Chennevière, commune de Montbouy.
Église de Lorris.
Hôtel de ville de Lorris.

ARRONDISSEMENT DE PITHIVIERS.

Église de Puiseaux.
Château de Yèvres-le-Châtel.
Église de Yèvres-le-Châtel.

LOT.

ARRONDISSEMENT DE CAHORS.

Cathédrale de Cahors.
Maison dite de Henri IV, à Cahors.
Pont de Cahors.
Enceinte de Cahors.
Église de Montat.

ARRONDISSEMENT DE FIGEAC.

Église de l'ancienne abbaye Saint-Sauveur, à Figeac.
Château du Montat, près Saint-Céret.
Chapelle Notre-Dame-de-Pitié, à Figeac.
Ancien hôtel de ville, à Figeac.
Obélisques, près de Figeac.
Maison rue Ortabadia.
Église d'Assier.
Château d'Assier.
Château de Castelnau de Bretenoux.

ARRONDISSEMENT DE GOURDON.

Église de Gourdon.
Chapelle de Roc-Amadour.
Église de Souillac.
Église du Vigan.

LOT-ET-GARONNE.

ARRONDISSEMENT D'AGEN.

Cathédrale d'Agen.
Tourasse et Pirelonge, près d'Aiguillon.
Église de Layrac.
Église de Moirax.

ARRONDISSEMENT DE MARMANDE.

Église et cloître de Marmande.
Église du Mas-d'Agenais.

ARRONDISSEMENT DE NÉRAC.

Château de Nérac.
Mosaïques et ruines romaines à Nérac.
Église de Mezin.
Château de Xaintrailles.

ARRONDISSEMENT DE VILLENEUVE-SUR-LOT.

Château de Bonaguil.
Tour du château de Gavaudun.
Église de Montflanquin.

LOZÈRE.

ARRONDISSEMENT DE MENDE.

Cathédrale de Mende.
Église de Langogne.
Tombeau romain, à Lanuéjols.

MAINE-ET-LOIRE.

ARRONDISSEMENT D'ANGERS.

Cathédrale de Saint-Maurice d'Angers.
Tapisseries de Saint-Maurice, à Angers.
Évêché d'Angers.
Église de l'abbaye de Saint-Serge, à Angers.
Église de Saint-Martin, à Angers, PP.
Abbaye de la Trinité, à Angers.
Tour et cloître de Saint-Aubin (préfecture), à Angers.
Église du Ronceray, à Angers.
Château d'Angers.
Hôtel-Dieu, à Angers.
Palais des marchands, à Angers.
Hôtel des comptes d'Angers, à Angers.
Église du Lion-d'Angers.
Château du Plessis-Bouré.
Église de Savennières.
Château des Ponts-de-Cé.
Château de Brissac.
Église de Beaulieu.
Chapelle de Béhuart.

ARRONDISSEMENT DE BAUGÉ.

Église de Pontigné.

ARRONDISSEMENT DE BEAUPRÉAU.

Tour de l'église de Chemillé.

ARRONDISSEMENT DE SÉGRÉ.

Maison de Rabelais, à Candé.

ARRONDISSEMENT DE SAUMUR.

Église de Nantilly, à Saumur.
Chapelle Saint-Jean, à Saumur.
Église Saint-Pierre, à Saumur.
Château de Saumur.
Dolmens, près de Saumur.
Chapelle Saint-Marc, près de Saumur.
Amphithéâtre de Doué.
Église de Cunault.
Statues des Plantagenets, à Fontevrault.
Église abbatiale de Fontevrault.
Chapelle de Saint-Macé, à Trèves-Cunault, PP.
Église de Saint-Georges-Chatelaison.
Église et château de Montreuil-Bellay.
Église de Puy-Notre-Dame.
Tour de Trèves-Cunault.
Église de Trèves-Cunault.

Église Saint-Eusèbe de Gennes.
Église Saint-Vétérin de Gennes.
Chapelle de l'ancienne abbaye de Saint-Florent.
Château de Montsoreau.
Château de Brézé.
Église Saint-Denis de Doué.
Château de Pocé, à Distré.

MANCHE.

ARRONDISSEMENT DE SAINT-LÔ.

Église Sainte-Croix de Saint-Lô.
Église Notre-Dame de Saint-Lô.
Église de Carentan.
Château de Semilly.
Château de Thorigny.

ARRONDISSEMENT D'AVRANCHES.

Pierre monumentale d'Avranches.
Menhirs de Bouillon.
Château de Montgommery, à Saint-Jean-le-Thomas.
Abbaye du Mont-Saint-Michel.

ARRONDISSEMENT DE CHERBOURG.

Galeries couvertes de Bretteville-en-Saire.
Dolmens de Martinvast.
Cromlec'h des Pieux.
Église de Querqueville.
Cromlec'hs de Tourlaville.
Galeries de Vanville-sur-Mer.
Menhirs de Saint-Pierre-Église.
Menhirs de Carneville.
Dolmens de Flamenville.

ARRONDISSEMENT DE COUTANCES.

Cathédrale de Coutances.
Église Saint-Pierre, à Coutances.
Aqueduc de Coutances.
Château de la Haye-du-Puits.
Église de Lessay.
Dolmens de Saint-Germain-sur-Ay.
Église de Périers.
Abbaye de Hambye.
Menhirs de Cerisy-la-Salle.

ARRONDISSEMENT DE MORTAIN.

Église de Mortain.
Église de Martigny.

ARRONDISSEMENT DE VALOGNES.

Château de Briquebec.
Galeries de Lahaye-d'Eclot.
Église de Sainte-Marie-du-Mont.
Église de Sainte-Mère-Église.
Abbaye de Saint-Sauveur-le-Vicomte.
Château de Saint-Sauveur-le-Vicomte.
Ruines d'Alaune.
Grande cheminée, près de Valognes.
Église Saint-Michel, à Lestre.

MARNE.

ARRONDISSEMENT DE CHÂLONS.

Cathédrale Saint-Étienne, à Châlons.
Église Notre-Dame de Châlons.
Église Saint-Jean, à Châlons.
Église Saint-Alpin, à Châlons.
Église Notre-Dame-de-l'Épine.
Camp romain, à la Cheppe.
Église de Vertus.

ARRONDISSEMENT D'ÉPERNAY.

Église d'Épernay.
Église de Montmort.
Château de Montmort.
Église d'Orbais.
Église de Dormans.
Église de Rieux.

ARRONDISSEMENT DE REIMS.

Cathédrale de Reims.
Église Saint-Remi, à Reims.
Porte de Mars, à Reims.
Tombeau de Jovin, dans la cathédrale de Reims.
Mosaïque de la cathédrale de Reims.

Maison des Ménétriers, à Reims.
Église de Cauroy.
Hôtel de ville de Reims.
Église de Bouilly.
Église d'Avenay.

ARRONDISSEMENT DE SAINTE-MÉNEHOULD.

Église de Sommepy.

ARRONDISSEMENT DE VITRY.

Église de Maisons-sous-Vitry.
Église de Maurupt.
Église de Cheminon.
Église de Margerie-Haucourt.
Église de Saint-Amand.

HAUTE-MARNE.

ARRONDISSEMENT DE CHAUMONT.

Église de Saint-Jean-Baptiste, à Chaumont.
Chapelle du collége, à Chaumont.
Église de Vignory.

ARRONDISSEMENT DE LANGRES.

Cathédrale de Saint-Mammès, à Langres.
Ancienne église de Saint-Dizier, à Langres.
Arc de triomphe de Langres.
Église d'Isômes.
Église de Villars-Saint-Marcellin.

ARRONDISSEMENT DE VASSY.

Église de Vassy.
Église de Blécourt.
Église de Ceffonds.
Église de Joinville.
Église de Montiérender.
Église Saint-Aubin, à Moëlain.
Ancienne église abbatiale de Trois-Fontaines, PP.

MAYENNE.

ARRONDISSEMENT DE LAVAL.

Église de la Trinité, à Laval.
Ancienne abbaye de Saint-Martin, à Laval.
Château de Laval.
Église d'Avesnières.
Église d'Évron.
Chapelle Saint-Crépin, à Évron.
Tombeaux de l'abbaye de Clermont, à Ollivet.
Remparts de Sainte-Suzanne.
Dolmens et camp près de Sainte-Suzanne.

ARRONDISSEMENT DE CHÂTEAU-GONTIER.

Église de Saint-Jean, à Château-Gontier.
Château de Saint-Ouen.
Abbaye de la Roe.

ARRONDISSEMENT DE MAYENNE.

Enceinte romaine, à Jublains.
Église de Javron.
Château de Lassay, PP.

MEURTHE.

ARRONDISSEMENT DE NANCY.

Chapelle des Cordeliers, à Nancy, et tombeaux des ducs de Lorraine.
Peintures de l'église Sainte-Epvre, à Nancy.
Ancien château ducal, à Nancy.
La colonne de l'Étang-Saint-Jean, à Nancy.
Église de Laître-sous-Amance.
Église de Saint-Nicolas-du-Port.
Église de Pont-à-Mousson.
Château de Preny.
Ancien château de Vaudémont.

ARRONDISSEMENT DE CHÂTEAU-SALINS.

Anciennes fortifications de Château-Salins.
Château de Bourgaltorf.
Fragments romains, à Dieuze et à Tarquinpol.
Château de Vic.
Briquetage de Marsal.

ARRONDISSEMENT DE LUNÉVILLE.

Château de Blamont.

ARRONDISSEMENT DE SARREBOURG.

Église de Fenestrange.
Camp romain, à Haselbourg.
Château de Lutzelbourg.
Deux châteaux, à Relhibourg.

ARRONDISSEMENT DE TOUL.

Ancienne cathédrale de Toul.
Église Saint-Gengoulf, à Toul.
Église de Blenod-aux-Oignons.
Château de Germiny.
Château de Pierrefort, commune de Martinouet.
Église de Minorville.

MEUSE.

ARRONDISSEMENT DE BAR-LE-DUC.

Tour de Luxembourg, à Ligny.
Ruines de Nasium.
Église de Rambercourt-aux-Pots.

ARRONDISSEMENT DE COMMERCY.

Calvaire à Hatton-Châtel.
Sépulcre de Saint-Mihiel.

ARRONDISSEMENT DE MONTMÉDY.

Église d'Avioth.
Monument sépulcral d'Avioth.

ARRONDISSEMENT DE VERDUN.

Église d'Étain.
Église de l'abbaye de Lachalade.

MORBIHAN.

ARRONDISSEMENT DE VANNES.

Tour d'Elven.
Château de Suciniot.
Dolmens de l'île aux Moines.
Monument druidique de l'île Longue.
Église de Saint-Gildas-de-Ruys.
Église de l'île d'Arz.

ARRONDISSEMENT DE LORIENT.

Monuments druidiques de Carnac.
Monuments druidiques de Crac'h.
Monuments druidiques de d'Erdven.
Église d'Hennebon.
Monuments de Loc-Mariaker.
Galerie souterraine de Gavr'inniz.
Monument druidique de Plouharnel.

ARRONDISSEMENT DE PLOËRMEL.

Église de Ploërmel.
Château de Josselin.
Tombeau de Clisson, à Josselin.

ARRONDISSEMENT DE PONTIVY.

Jubé de l'église Saint-Fiacre, au Faouet.
Église de Quelven, à Guern.

MOSELLE.

ARRONDISSEMENT DE METZ.

Cathédrale de Metz.
Oratoire des Templiers, à Metz.
Ruines d'un *xenodochium* bâti par les rois d'Austrasie, à Metz.
Église Saint-Vincent, à Metz.
Maisons à Metz.
Église de Chazelle.
Clocher d'Aube.
Crypte de l'église de Norroy-le-Veneur.
Aqueduc romain de Jouy.
Chapelle de Morlange.
Église de Jussy.
Tour de Châtel-Saint-Germain.

ARRONDISSEMENT DE BRIEY.

Hypogée de Jœuf.
Église d'Olley.
Église de Longuyon.
Camp romain de Titelberg, près de Longwy.

ARRONDISSEMENT DE SARREGUEMINES.

La tour de Valdeck.
Ruines du château de Falkenstein.
Camp romain de Hiéraple, près de Sarreguemines.

ARRONDISSEMENT DE THIONVILLE.

Château de Mensberg.
Château d'Ottange.
Château de Sierck.

NIÈVRE.

ARRONDISSEMENT DE NEVERS.

Église de Garchizy.
Cathédrale de Nevers.
Église Saint-Étienne, à Nevers.
Palais des ducs, à Nevers.
Porte du Croux, à Nevers.
Peintures à fresques de l'église Saint-Père, à Nevers.
Chapelle du nouveau couvent des Sœurs de la Charité, à Nevers.
Chœur et crypte de l'église Saint-Céré, à Decise.
Église de Saint-Saulge.
Camp romain, à Saint-Saulge.
Ruines romaines, à Villars.
Église et crypte de Saint-Parize-le-Châtel.
Château de Druy.

ARRONDISSEMENT DE CHÂTEAU-CHINON.

Bains de Saint-Honoré.

ARRONDISSEMENT DE CLAMECY.

Église Saint-Martin, à Clamecy.
Église de Corbigny.
Église de Saint-Reverien.
Église Saint-Léger, à Tannay.
Église de Varzy.

ARRONDISSEMENT DE COSNE.

Église de Saint-Aignan, à Cosne.
Église Sainte-Croix, à la Charité.
Église de Donzy.
Église de Prémery.

NORD.

ARRONDISSEMENT DE LILLE.

Église Saint-Maurice, à Lille.
Restes du palais de Rihour, à Lille.
Hôtel des Templiers, à Lille.
Château et beffroi de Comines.
Pyramide de Cysoing.

ARRONDISSEMENT D'AVESNES.

Église et vitraux, à Solre-le-Château.
Les Pierres Martines, monuments celtiques, à Solre-le-Château.
Les Pierres de Dessus-Bise, monuments celtiques, à Sars-Poterie.
Ruines romaines, à Bavay.

ARRONDISSEMENT DE DOUAI.

Beffroi et hôtel de ville, à Douai.

ARRONDISSEMENT DE DUNKERQUE.

Église et tour de Saint-Éloi de Dunkerque.
Beffroi de Bergues.

ARRONDISSEMENT D'HAZEBROUCK.

Hôtel de ville, à Cassel.

ARRONDISSEMENT DE VALENCIENNES.

Tour de l'abbaye de Saint-Amand.
Pyramide de Denain.
Ruines romaines, à Famars.

OISE.

ARRONDISSEMENT DE BEAUVAIS.

Cathédrale de Beauvais.
Église de la Basse-Œuvre, à Beauvais.
Église de Saint-Étienne, à Beauvais.
Ancien palais épiscopal, à Beauvais.
Clocher d'Allonne.
Église de Saint-Germer et chapelle.

Église de Montagny.
Hôtel de ville de Trye-Château.
Église de Trye-Château.
Église de Lavilletertre.
Maladrerie de Saint-Lazare, près Beauvais, PP.

ARRONDISSEMENT DE CLERMONT.

Église d'Agnetz.
Prieuré de Bury.
Église de Maignelay.
Église de Saint-Martin-aux-Bois.
Clocher de Mogneville.
Église de Cambronne.
Église d'Angy.
Église d'Angicourt.

ARRONDISSEMENT DE COMPIÈGNE.

Église Saint-Antoine, à Compiègne.
Église Saint-Jacques, à Compiègne.
Hôtel de ville de Compiègne.
Église de Saint-Jean-aux-Bois.
Ancienne cathédrale de Noyon.
Salle capitulaire et cloître de la cathédrale de Noyon.
Hôtel de ville de Noyon.
Abbaye d'Ourscamp.
Église de Pierrefonds.
Château de Pierrefonds.
Église de Tracy-le-Val.
Église de Chelles.
Église de Villers-sur-Coudun.

ARRONDISSEMENT DE SENLIS.

Ancienne cathédrale de Senlis.
Collégiale de Saint-Frambourg, à Senlis.
Château royal de Senlis, PP.
Église Saint-Vincent de Senlis, PP.
Église d'Acy-en-Multien.
Ruines de l'abbaye de Chaalis, PP.
Église Notre-Dame de Chambly.
Église de Creil.
Abbaye de Saint-Leu d'Esserant.
Collégiale de Mello.
Collégiale de Montataire.
Église de Morienval.
Église de Nogent-les-Vierges.
Église d'Ermenonville.
Église de Baron.
Amphithéâtre de Champ-Lieu.
Église de Verberie.
Église de Saint-Clément.
Église de Plailly.
Ruines du château de Thiers.
Église de Villers-Saint-Paul.
Église de Rully.
Église de Montagny.
Église d'Ève (flèche et vitraux).
Portail fortifié de Nanteuil-le-Haudouin.

ORNE.

ARRONDISSEMENT D'ALENÇON.

Église Notre-Dame, à Alençon.
Château d'Alençon.
Cathédrale de Seez.

ARRONDISSEMENT DE MORTAGNE.

Église d'Autheuil.

ARRONDISSEMENT D'ARGENTAN.

Église Saint-Martin, à Argentan (verrières).
Donjon de Chambois, PP.
Église de Chambois.
Château d'O, PP.

ARRONDISSEMENT DE DOMFRONT.

Église de Notre-Dame-sous-l'Eau, à Domfront.
Église de Lonlay-l'Abbaye.

PAS-DE-CALAIS.

ARRONDISSEMENT D'ARRAS.

Tour du beffroi, à Arras.
Tour Saint-Éloi, près d'Arras.

ARRONDISSEMENT DE BÉTHUNE.

Beffroi de Béthune.
Église de Douvrin, près la Bassée (triptyque).

ARRONDISSEMENT DE BOULOGNE-SUR-MER.

Crypte de l'église de Boulogne.

ARRONDISSEMENT DE SAINT-OMER.

Église Notre-Dame, à Saint-Omer.
Tour de Saint-Bertin, à Saint-Omer.
Église d'Acre-sur-la-Lys.

PUY-DE-DOME.

ARRONDISSEMENT DE CLERMONT-FERRAND.

Cathédrale de Clermont.
Église Notre-Dame du Port, à Clermont.
Église Saint-Cerneuf, à Billom.
Église de Chauriat.
Église de Notre-Dame-d'Orcival.
Église de Montferrand.
Maisons à Montferrand.
Église d'Herment.
Église de Plauzat.
Église et croix de Royat.
Église de Saint-Saturnin.
Sainte-Chapelle de Vic-le-Comte.
Église de Chamalières.
Ruines de Gergovie.
Église de Manglieu.

ARRONDISSEMENT D'ISSOIRE.

Église Saint-Paul, à Issoire.
Église et baptistère de Chambon.
Église de Saint-Nectaire.
Dolmens de Saint-Nectaire.

ARRONDISSEMENT DE RIOM.

Église Notre-Dame-du-Marturet, à Riom.
Église Saint-Amable de Riom.
Sainte-Chapelle, à Riom.
Ancien hôtel de ville, beffroi et maisons du XVIe siècle, à Riom.
Sainte-Chapelle, à Aigueperse.
Église paroissiale d'Aigueperse.
Église d'Ennezat.
Église et lanterne des morts de Montaigut, à Combraille.
Église de l'ancienne abbaye de Belle-Aigue.
Église de Saint-Hilaire-la-Croix.
Église de Mozat.
Église de Thuret.
Église de Volvic.

ARRONDISSEMENT DE THIERS.

Église du Moutiers, à Thiers.
Église de Saint-Genest de Thiers.
Église d'Augerolle.
Église du Dorat.

ARRONDISSEMENT D'AMBERT.

Église d'Ambert.

PYRÉNÉES (BASSES-).

ARRONDISSEMENT DE PAU.

Château, à Pau.
Château de Coarraze.
Église de Lembeye.
Église de Lescar.
Église de Morlaas.
Église de Nay.
Maison de Jeanne d'Albret, à Nay.
Tour de Montaner.
Constructions antiques et mosaïques, à Pontdoli.

ARRONDISSEMENT DE BAYONNE.

Cathédrale et cloître de Bayonne.

ARRONDISSEMENT DE MAULÉON.

Église de Sainte-Engrace.

ARRONDISSEMENT D'OLORON.

Église Sainte-Croix, à Oloron.
Église Sainte-Marie d'Oloron.
Château d'Oloron.

ARRONDISSEMENT D'ORTHEZ.

Tour de Moncade, à Orthez.

PYRÉNÉES (HAUTES-).

ARRONDISSEMENT D'ARGELÈS.

Église de Luz.
Église de Saint-Savin.

ARRONDISSEMENT DE TARBES.

Église d'Ibos.

PYRÉNÉES ORIENTALES.

ARRONDISSEMENT DE PERPIGNAN.

Ancienne église Saint-Jean, à Perpignan.
Chapelle du château, à Perpignan.
Loge des marchands, à Perpignan.
Église et cloître d'Elne.
Cloître de Monesti del Camp.

ARRONDISSEMENT DE CÉRET.

Pont de Céret.
Cloître à Arles-les-Bains.
Église de Coustouges (commune de Pratz-de-Mollo).

ARRONDISSEMENT DE PRADES.

Église de Marcevol.
Église de Corneilla en Conflent.
Église Saint-Martin du Canigou.
Monastère Saint-Michel de Cuixa.
Église de Planès.
Église de Serrabone.
Église de Villefranche.
Maisons de Villefranche.

RHIN (BAS-).

ARRONDISSEMENT DE STRASBOURG.

Cathédrale de Strasbourg.
Maison de l'Œuvre-Notre-Dame, à Strasbourg.
Église Saint-Pierre, à Strasbourg.
Église de l'ancienne abbaye de Saint-Étienne, à Strasbourg.
Église Saint-Thomas, à Strasbourg.
Chapelle d'Avolsheim.
Église de Niederhaslach.
Chapelle d'Obersteigen.

ARRONDISSEMENT DE SAVERNE.

Menhir de Breitenstein.
Église de Saint-Jean-des-Choux.
Église de Marmoutier.
Églises et cloître de Neuwiller.

ARRONDISSEMENT DE SCHELESTADT.

Église Saint-Georges de Schelestadt.
Église Sainte-Foi de Schelestadt.
Église d'Andlau.
Menhirs à Greielthal.
Château de Hohenkœnigsbourg.
Couvent de Niedermünster.
Abbaye de Sainte-Odile.
Murs des Payens, sur la montagne Sainte-Odile.
Église de Rosheim.

ARRONDISSEMENT DE WISSEMBOURG.

Chapelle de Wissembourg.
Vitraux de l'église de Walbourg.

RHIN (HAUT-).

ARRONDISSEMENT DE COLMAR.

Église Saint-Martin, à Colmar.
Cloître des Unterlinden, à Colmar.
Église de Gueberschwyr.
Église de Guebwiller.
Église de Pfaffenheim.
Tableaux de l'église de Büll, près Guebwiller.
Église de Rouffach.
Église de Sigolsheim.
Église de Luttenbach.
Abbaye de Murbach.

ARRONDISSEMENT D'ALTKIRCH.

Église d'Ottmarsheim.

ARRONDISSEMENT DE BELFORT.

Église de Thann.

RHÔNE.

ARRONDISSEMENT DE LYON.

Cathédrale et la Manecanterie, à Lyon.
Église de Saint-Nizier, à Lyon.
Église d'Ainay, à Lyon.
Porte de l'église Saint-Pierre, à Lyon.
Église Saint-Paul, à Lyon.
Église Saint-Irénée, à Lyon.
Conserve d'eau, dite *les Bains romains*, au nouveau séminaire, à Lyon.
Église de l'île Barbe.
Antiquités de l'île Barbe.
Ruines romaines, à Sainte-Colombe.
Aqueducs de Bonant et de Chaponost.

ARRONDISSEMENT DE VILLEFRANCHE.

Église de Villefranche.
Église de Salles.
Église de Belleville-sur-Saône.
Église de Châtillon d'Azergue.

SAÔNE (HAUTE-).

ARRONDISSEMENT DE VEZOUL.

Ruines de l'abbaye de Cherlieu.
Église de Favernay.
Église de Chambornay-les-Bellevaux.

ARRONDISSEMENT DE GRAY.

Ruines et mosaïques de Membrey.

ARRONDISSEMENT DE LURE.

Église de l'ancienne abbaye de Luxeuil.
Plusieurs maisons particulières des XVe et XVIe siècles, à Luxeuil.
Ancien hôtel de ville de Luxeuil.
Bains romains et inscriptions antiques, à Luxeuil.

SAÔNE-ET-LOIRE.

ARRONDISSEMENT DE MÂCON.

Tours de Saint-Vincent, à Mâcon.
Église Saint-Philibert, à Tournus.
Église de Brancion.
Château de Cormatin.
Église de Chapaise.
Abbaye de Cluny.
Maisons à Cluny.
Église de Notre-Dame, à Cluny.

ARRONDISSEMENT D'AUTUN.

Cathédrale de Saint-Lazare, à Autun.
Sainte-Chapelle, à Autun.
Temple de Janus, à Autun.
Portes d'Arroux et de Saint-André, à Autun.
Théâtre romain, à Autun.
Fontaine Saint-Lazare, à Autun.
Restes de l'ancien réfectoire des chanoines dans le jardin de l'évêché, à Autun
Pyramide de Couard, près Autun.
Menhir, à Auxy.
Chapelle d'Espinac.
Château de Sully.

ARRONDISSEMENT DE CHÂLON.

Église Saint-Vincent, à Châlon.
Église Saint-Marcel, près Châlon.
Église de Sennecey-le-Grand (peintures).

ARRONDISSEMENT DE CHAROLLES.

Église de Paray-le-Monial.
Maison Jaillet, à Paray-le-Monial.
Église de Semur-en-Brionnais.
Église d'Anzy.
Église de Bois-Sainte-Marie.
Église de Châteauneuf.
Église de Saint-Germain.
Église et porte extérieure de l'ancien prieuré, à Arnay-le-Duc.

Église de Perrecy-les-Forges.

SARTHE.

ARRONDISSEMENT DU MANS.

Cathédrale du Mans.
Église Notre-Dame-du-Pré, au Mans.
Église Notre-Dame-de-la-Couture, au Mans.
Poterne du Mans.
Tour de l'enceinte romaine du Mans.
Maison de l'École communale de dessin, au Mans.
Maisons au Mans.

ARRONDISSEMENT DE LA FLÈCHE.

Église et sculptures du prieuré de Solesmes.
Église de Bazouges.
Verrières de l'église de la Bruère.

ARRONDISSEMENT DE MAMERS.

Église de la Ferté-Bernard.

ARRONDISSEMENT DE SAINT-CALAIS.

Église de Saint-Calais.

SEINE.

ARRONDISSEMENT DE PARIS.

Église cathédrale de Notre-Dame.
Sainte-Chapelle.
Église Saint-Eustache.
Église Saint-Germain-l'Auxerrois.
Église Saint-Germain-des-Prés.
Église Saint-Merry.
Église Saint-Séverin.
Église et réfectoire de l'ancienne abbaye Saint-Martin-des-Champs (Conservatoire des arts et métiers).
Église Saint-Julien-le-Pauvre.
Cloître des Billettes.
Porte Saint-Denis.
Porte Saint-Martin.
Le Val-de-Grâce.
Palais de Justice.
Hôtel de ville.
Hôtel Carnavalet.
Hôtel Lambert.
Hôtel de Cluny.
Palais des Thermes de Julien.
Maison rue Hautefeuille, n° 9.
Palais de l'Institut.
Maison de François Ier, transportée de Moret aux Champs-Élysées.
Hôtel Soubise.
Porte de l'hôtel de Clisson.
Hôtel Pichon (dit Pimodan).
Fontaine de Grenelle.
Ministère de la marine et façade correspondante sur la place Louis XV.
Hôtel des Invalides.
Tour Saint-Jacques-la-Boucherie.
Pont Saint-Michel.
Fragments d'architecture à l'École des beaux-arts.
Église Saint-Étienne-du-Mont.
Tour Sainte-Geneviève.
Église Saint-Gervais.
Hôtel de Sully, rue Saint-Antoine.
Hôtel de Zamet ou de Lesdiguières.
Hôtel de Mayenne.
Hôtel de Beauvais.
Maison rue du Foin, n° 8.
Mairie, place Royale (peintures).
Hôtel de Sens.
Fontaine des Innocents.
Palais du Luxembourg.
Porte des Chartreux, au Luxembourg.
Galerie Mazarine, à la Bibliothèque impériale.
Façade des maisons de la place Royale.
Façade de la place Vendôme.
Colonne de l'hôtel de Soissons, à la halle au blé.
Maisons de la place Dauphine.

ARRONDISSEMENT DE SCEAUX.

Église d'Arcueil.
Aqueduc romain d'Arcueil.
Pavillon d'Antoine de Navarre, à Charenton.
Église de Vitry.
Château et chapelle de Vincennes.
Église d'Issy.
Église de Saint-Maur.
Église de Nogent-sur-Marne.
Église de Bagneux.

ARRONDISSEMENT DE SAINT-DENIS.

Église de Saint-Denis.
Église de Boulogne.
Église de Montmartre.
Église de Suresnes.
Église de l'abbaye de Longchamp.
Église de Charonne.

SEINE-INFÉRIEURE.

ARRONDISSEMENT DE ROUEN.

Cathédrale de Rouen.
Église Saint-Maclou, à Rouen.
Église Saint-Ouen et Chambre aux Clercs, à Rouen.
Église Saint-Patrice, à Rouen.
Église Saint-Vincent, à Rouen.
Église Saint-Godard, à Rouen.
Église Saint-Gervais, à Rouen.
La Fierte, à Rouen.
Léproserie de Saint-Julien, au Petit-Quevilly, près Rouen.
Église du Mont-aux-Malades, à Rouen.
Tour de l'Horloge, à Rouen.
Donjon de Philippe-Auguste, à Rouen.
Hôtel de Bourgtheroulde, à Rouen.
Fontaine de la Croix-de-Pierre, à Rouen.
Autre fontaine, à Rouen.
Cloître Sainte-Marie (musée), à Rouen.
Chapelle Saint-Michel, à Rouen.
Maison du Gros-Horloge, à Rouen.
Palais de Justice de Rouen.
La Gargouille, à Rouen.
Cour Saint-Amand, à Rouen.
Bureau des finances, à Rouen.
L'aître Saint-Maclou, à Rouen.
Fontaine de Lisieux, à Rouen.
Enceinte Sainte-Catherine, à Rouen.
Église et cloître de Saint-Georges de Bocherville.
Église de Duclair.
Église de Saint-Étienne, à Elbeuf (vitraux).
Église de Saint-Jean, à Elbeuf (vitraux.)
Ancienne abbaye de Jumiéges.
Église de Moulineaux.
Bâtiments de l'abbaye, au Mesnil.
Église d'Yainville.
Église d'Houppeville.

ARRONDISSEMENT DU HAVRE.

Tour de François Ier, au Havre.
Église d'Angerville-l'Orcher.
Église d'Étretat.
Église de Fécamp.
Église de Graville-l'Eure.
Église de Harfleur.
Crypte de Saint-Jean-d'Abbetot.
Église de Lillebonne.
Château de Lillebonne.
Théâtre romain, à Lillebonne.
Église de Montiviller.
Château de Tancarville.

ARRONDISSEMENT DE DIEPPE.

Église Saint-Jacques de Dieppe.
Château de Dieppe.
Église de l'abbaye Saint-Victor.
Église d'Arques.
Château d'Arques.
Cité de Limes.
Église d'Auffay.
Église de Bourgdun.
Église d'Eu.

Église du collége d'Eu.
Château de Longueville.
Église du Tréport.
Manoir d'Ango à Varengeville.
Mosaïques de Sainte-Marguerite.

ARRONDISSEMENT DE NEUFCHÂTEL.

Église de Gournay.
Château de Mesnières.
Église d'Aumale.

ARRONDISSEMENT D'YVETOT.

Église de Caudebec.
Église de Sainte-Gertrude.
Chapelle de Saint-Valery.
Église de Valliquerville.
Chapelle de Valmont, PP.
Église d'Auzebosq.
Église de Saint-Wandrille.
Abbaye de Saint-Wandrille.
Chapelle Saturnin, à Saint-Wandrille.

SEINE-ET-MARNE.

ARRONDISSEMENT DE MELUN.

Église Notre-Dame de Melun.
Église Saint-Aspais, à Melun.
Cloître Saint-Sauveur, à Melun.
Église de Brie-Comte-Robert.
Hôtel-Dieu de Brie-Comte-Robert.
Église de Champeaux.

ARRONDISSEMENT DE COULOMMIERS.

Église de Saint-Cyr.
Château de Lagrange.
Église de Villeneuve-le-Comte.
Église de Rozoy.

ARRONDISSEMENT DE FONTAINEBLEAU.

Château de Fontainebleau.
Église de Château-Landon.
Église de Larchant.
Église de Montereau.
Église de Moret.
Porte de ville, à Moret.
Église de Nemours.
Porte de la Chapelle-la-Reine.

ARRONDISSEMENT DE MEAUX.

Cathédrale de Meaux.
Évêché de Meaux.
Château du chapitre de Meaux.
Crypte de l'église de Chamigny.
Église de la Chapelle-sur-Crécy.
Crypte de Jouarre.
Croix du cimetière de Jouarre.
Tombeau de la famille des Barres, dans l'église d'Oissery.
Église de Ferrières.
Église d'Othis.
Tombeau du cardinal de Bérulle, dans la chapelle de Juilly.
Château de Monceaux-Gabriel.
Château de Nantouillet.
Château de Vaux-Praslin.
Monument de Chilpéric, à Chelles

ARRONDISSEMENT DE PROVINS.

Église de Saint-Quiriace, à Provins.
Église Sainte-Croix, à Provins.
Transsept de l'église Saint-Ayoul, à Provins.
Cloître des Cordeliers, à Provins.
Croix sépulcrale, à Provins.
Tour de César, à Provins.
Grange-aux-Dîmes, à Provins.
Église de Donnemarie.
Église de Saint-Loup, de Naud.
Château de Montaiguillon.
Église de Rampillon.
Église de Voulton.

SEINE-ET-OISE.

ARRONDISSEMENT DE VERSAILLES.

Château de Versailles et ses dépendances.
Château et restes du nouveau château de Saint-Germain-en-Laye.

Grotte du pavillon de Henry IV.
Rétable de Carrières-Saint-Denis.
Château et moulin de Maison-sur-Seine.
Église de Poissy.
Église d'Hardricourt.
Église de Triel.
Abreuvoir de Marly.
Église de Mareil, près Saint-Germain.
Monument celtique de Marly.
Église de Bougival.
Église de Rueil.
Église de Vernouillet.
Église de Thiverval.

ARRONDISSEMENT DE CORBEIL.

Église Saint-Spire de Corbeil.
Clocher d'Athis-Mons.
Château de Montlhéry.
Abbaye de Longpont.
Tour de la Queue-en-Brie.

ARRONDISSEMENT D'ÉTAMPES.

Église Notre-Dame, à Étampes.
Église Saint-Martin, à Étampes.
Église Saint-Bazile, à Étampes.
Tour dite *la Guinette*, à Étampes.
Tombeau du chancelier de l'Hôpital, dans l'église de Champ-Motteux.
Ancienne abbaye de Morigny, près Étampes.
Église de la Ferté-Aleps.
Église Saint-Sulpice-de-Favières.

ARRONDISSEMENT DE MANTES.

Église de Mantes.
Fontaine de la place de Mantes.
Église de Houdan.
Église de Vétheuil.
Vieux château de la Roche-Guyon, PP.
Église de Gassicourt.
Clocher de Limay.
Église de Jusiers.
Église de Richebourg.

ARRONDISSEMENT DE PONTOISE.

Église Saint-Maclou de Pontoise.
Église de Deuil.
Église d'Écouen.
Château d'Écouen.
Église de Taverny.
Clocher de Luzarches.
Église de Mareil-en-France.
Église Saint-Martin, à Montmorency.
Église de Belloy.
La Pierre-Turquaise, dans la forêt de Carnelle.
Église de Champagne.
Abbaye de Royaumont, à Asnières-sur-Oise.
Église de Beaumont-sur-Oise.
Église de Nesles.
Église de Gonesse.
Hôtel de ville de Louvres.
Abbaye de Maubuisson, à Saint-Ouen-l'Aumône.
Église d'Auvers.

ARRONDISSEMENT DE RAMBOUILLET.

Église de Montfort-l'Amaury.
Ruines du château de Montfort-l'Amaury.

DEUX-SÈVRES.

ARRONDISSEMENT DE NIORT.

Église Notre-Dame de Niort.
Château de Niort.
Église de Champdeniers.
Église de Saint-Maixent.

ARRONDISSEMENT DE BRESSUIRE.

Église de Bressuire.
Église et tombeaux, à Oyron.
Église Saint-Denis, à Thouars.
Chapelle du château de Thouars.
Château de Thouars.

ARRONDISSEMENT DE MELLE.

Église Saint-Pierre, à Melle.

Église Saint-Hilaire, à Melle.
Église Saint-Savinien, à Melle.
Église de Celles.
Église de Javarzay.
Château de Javarzay.
Église de Verrines-sous-Celles.

ARRONDISSEMENT DE PARTHENAY.

Église Saint-Laurent, à Parthenay.
Église Sainte-Croix, à Parthenay.
Église Notre-Dame-de-la-Couldre, à Parthenay.
Église Saint-Pierre, à Airvault.
Église de Saint-Généroux.
Église de Marnes.
Église de Saint-Louis-de-Marnes.
Église de Parthenay-le-Vieux.
Chapelle de Menigoutte.

SOMME.

ARRONDISSEMENT D'AMIENS.

Cathédrale d'Amiens.
Tour du Logis du Roi, à Amiens.
Église Notre-Dame d'Airaines.
Château de Boves.
Abbaye de Corbie.
Tombeaux de l'église de Saint-Germain-sur-Bresle.
Église de Namps-au-Val.
Tombeaux des trois martyrs, à Sains.
Camp de César à Triancourt, à l'Étoile, à Liercourt et à Picquigny.
Porte Montreleu, à Amiens.

ARRONDISSEMENT D'ABBEVILLE.

Collégiale de Saint-Vulfran, à Abbeville.
Château de Rambures, PP.
Abbaye de Saint-Ricquier.
Chapelle du Saint-Esprit, à Rue.
Église de Gamaches.
Vitraux de l'église de Pont-Remy.

ARRONDISSEMENT DE DOULLENS.

Maison des Templiers (hôtel de ville), à Domart.
Portail de l'église de Mailly.
Église de Beauval.
Abbaye de Bertheaucourt.

ARRONDISSEMENT DE MONTDIDIER.

Église d'Ailly-sur-Noye et tombeau de Jean Haubourdin.
Tombeau de Raoul de Crepy, à Montdidier.
Église de Folleville.
Château de Folleville.
Portail et vitraux de l'église Saint-Pierre, à Roye.
Église de Tilloloy.
Tombeau de Jean de Hangust.

ARRONDISSEMENT DE PÉRONNE.

Menhir, à Doigt.
Château de Ham.
Crypte de l'église de Ham.
Portail et crypte de l'église de Nesles.
Portail de l'église d'Athies.

TARN.

ARRONDISSEMENT D'ALBI.

Cathédrale d'Albi.
Palais de l'archevêché d'Albi.
Église Saint-Salvi, à Albi.
Maison à Albi.

ARRONDISSEMENT DE CASTRES.

Église de Burlatz.

ARRONDISSEMENT DE GAILLAC.

Église Saint-Michel, à Gaillac.

TARN-ET-GARONNE.

ARRONDISSEMENT DE MONTAUBAN.

Maison de ville de Saint-Antonin.
Château de Bruniquel.

Clocher de Caussade.
Dolmens de Caussade.
Château de Caylus.
Église de Montpezat.
Église de Varen.

ARRONDISSEMENT DE CASTEL-SARRASIN.

Église de Beaumont-de-Lomagne.

ARRONDISSEMENT DE MOISSAC.

Église et cloître de Moissac.
Église d'Auvillards.

VAR.

ARRONDISSEMENT DE DRAGUIGNAN.

Monuments romains, à Fréjus.
Cathédrale de Fréjus.
Cloître et baptistère.
Abbaye du Thoronet.
Église de Cannet, près le Luc.
Église du Luc.

ARRONDISSEMENT DE BRIGNOLLES.

Église de Saint-Maximin.

ARRONDISSEMENT DE GRASSE.

Ancienne cathédrale de Vence.
Monuments de l'île Saint-Honorat, PP.

ARRONDISSEMENT DE TOULON.

Église Saint-Louis, à Hyères.
Château d'Hyères.
Église de Solliès-Ville.
Église de Sixfours.

VAUCLUSE.

ARRONDISSEMENT D'AVIGNON.

Église Notre-Dame-des-Doms, cathédrale, à Avignon.
Tombeau de Jean XXII, à Avignon.
Église Saint-Pierre, à Avignon.
Remparts d'Avignon.
Palais des Papes, à Avignon.
Chapelle et pont Saint-Benezet, à Avignon.
Ruines romaines, à Avignon.
Ancien hôtel des monnaies, à Avignon.
Tour de l'ancien hôtel de ville, à Avignon.
Ancienne cathédrale et cloître de Cavaillon.
Couvent des Célestins, à Avignon.
Arc antique de Cavaillon.
Église du Thor.
Église de Vaucluse.

ARRONDISSEMENT D'APT.

Ancienne cathédrale d'Apt.
Cimetière d'Apt.
Ancienne abbaye de Senanques.
Vasque antique, dans l'église de Cadenet.

ARRONDISSEMENT DE CARPENTRAS.

Église de Saint-Siffrin, à Carpentras.
Arc de Carpentras.
Hôpital de Carpentras.
Ancien palais du légat, à Carpentras.
Église de Pernes.
Tour et peintures du XIVe siècle, à Pernes.
Baptistère de Vénasque.
Église de Caromb.

ARRONDISSEMENT D'ORANGE.

Théâtre antique, à Orange.
Cirque, à Orange.
Arc antique, à Orange.
Ancienne cathédrale de Vaison.
Chapelle Saint-Quénin, à Vaison.
Amphithéâtre, à Vaison.
Pont romain, à Vaison.
Chapelle de Grozeau, près Malaucène.
Église de Valréas.

VENDÉE.

ARRONDISSEMENT DE FONTENAY.

Église de Fontenay-le-Comte.
Église de Maillezais.

Ruines de l'abbaye de Maillezais.
Abbaye de Nieuil-sur-Authise.
Église de Vouvant.
Château de Pouzanges.
Église de Pouzanges-le-Vieux.
Église de Bonpère.
Église de Foussay.

VIENNE.

ARRONDISSEMENT DE POITIERS.

Église Notre-Dame de Poitiers.
Église de Moustier-Neuf, à Poitiers.
Église Saint-Hilaire, à Poitiers.
Église de Sainte-Radegonde, à Poitiers.
Palais de Justice, à Poitiers.
Tour de Saint-Porchaire, à Poitiers.
Temple Saint-Jean, à Poitiers.
Ancienne tour (la poudrière), à Poitiers.
Arènes de Poitiers.
Pierre-Levée, près Poitiers.
Église de Fontaine-Lecomte.
Monastère de Ligugé.
Château de Montreuil-Bonnin.
Église de Nouaillé.
Colonne de Château-Larcher.
Église de Lusignan.

ARRONDISSEMENT DE CIVRAY.

Église Saint-Nicolas-de-Civray.
Ancienne abbaye de Charroux.
Château de Gençay.

ARRONDISSEMENT DE MONTMORILLON.

Église de Montmorillon.
Chapelle octogone, dans le collége de Montmorillon.
Fresques de l'église d'Antigny.
Église Saint-Pierre, à Chauvigny.
Église Notre-Dame de Chauvigny.
Châteaux de Chauvigny.
Église de la Puye.
Église de Saint-Savin.

VIENNE (HAUTE-).

ARRONDISSEMENT DE LIMOGES.

Cathédrale de Limoges.
Château de Chalusset.
Église de Saint-Léonard.
Église de Solignac.

ARRONDISSEMENT DE BELLAC.

Église du Dorat.

ARRONDISSEMENT DE ROCHECHOUART.

Église de Rochechouart.
Château de Rochechouart.
Église de Saint-Junien.

ARRONDISSEMENT DE SAINT-YRIEIX.

Église de Saint-Yrieix.

VOSGES.

ARRONDISSEMENT D'ÉPINAL.

Église d'Épinal.

ARRONDISSEMENT DE SAINT-DIÉ.

Église de Moyenmoutier.

ARRONDISSEMENT DE NEUFCHÂTEAU.

Maison de Jeanne-d'Arc, à Domrémy.
Temple et amphithéâtre de Grand.

YONNE.

ARRONDISSEMENT D'AUXERRE.

Église Saint-Étienne, à Auxerre.
Église Saint-Pierre, à Auxerre.
Église Saint-Germain, à Auxerre.
Église Saint-Eusèbe, à Auxerre.
Tour de l'horloge, à Auxerre.
Ancien palais épiscopal (préfecture), à Auxerre.
Église de Saint-Florentin.
Église de Pontigny.

Église de Chitri-le-Fort.
Église de Moutiers.
Église de Chablis.
Clochers de Vermanton.
Église de Mailly-le-Château.
Tour du château de Saint-Sauveur, PP.

ARRONDISSEMENT D'AVALLON.

Église d'Avallon.
Église de la Madeleine, à Vézelay.
Église de Saint-Père, sous Vézelay.
Château de Chatellux, PP.
Église de Civry.
Tombeau de Saint-Magnance.
Église de Montréal.
Église de Pontaubert.

ARRONDISSEMENT DE JOIGNY.

Sépulcre de l'église de Joigny.
Église de Saint-Julien-du-Sault (verrières).
Église de Villeneuve-le-Roi.
Porte et enceinte de la ville de Villeneuve-le-Roi.
Château de Saint-Fargeau.
Église de Saint-Fargeau.

ARRONDISSEMENT DE SENS.

Cathédrale de Sens.
Église de l'hôpital de Sens.
Salle synodale de Sens.
Église Saint-Savinien et Saint-Potentien, à Sens.
Murs romains, à Sens.
Archevêché de Sens.
Élgise de Vallery (Tombeaux des Condés dans l').

ARRONDISSEMENT DE TONNERRE.

Portail de l'église Saint-Pierre de Tonnerre.
Crypte de Sainte-Catherine, sous la halle de Tonnerre.
Église de l'hospice de Tonnerre.
Château de Tanlay, PP.
Château d'Ancy-le-Franc, PP.
Portail de l'église de Neuvy-Saultour.

PRINCIPAUX MONUMENTS DE L'ALGÉRIE.

PROVINCE DE CONSTANTINE.

Théâtre de Philippeville.
Aqueduc situé au confluent du Roumel et du Bou-Merzoug, à Constantine.
Inscription des martyrs saint Jacques et saint Marius, à Constantine.
Grande pyramide dite *Madracen*, entre Constantine et Batna.
La schola des optiones de la légion IIIe Augusta, à Batna.
Le Prætorium, à Lambèze.
Arc de triomphe de Commode, *idem.*
Arc de Septime Sévère, *idem.*
Le palais des Légats, *idem.*
Le temple d'Esculape, *idem.*
Le Nymphæum, *idem.*
La Curie (dite Capitole) et *les deux arcs* à l'est du monument.
Les deux arcs de triomphe, à Markouna.
L'arc de triomphe, à Timegard.
Le Capitole, *idem.*
Le théâtre, *idem.*
Le Bordy, *idem.*
L'arc de triomphe, à Tabessa.
Le petit temple ou maison carrée, *idem.*
La Porte-Neuve, *idem.*
La Basilique (Knésia), *idem.*
Le théâtre, à Kremiça.
La Curie et le groupe des monuments qui l'entourent, *idem.*
Le théâtre, à Ghelma.
Les thermes, *idem.*
L'arc de triomphe, à Announah.
L'arc de triomphe, à Djemilah.
Les deux arcs de triomphe, à Zana.
La porte du temple de Diane, *idem.*

Le pont romain, à El-Kantara.

Les restes des Thermes (El-Hammam), à Biskara.

Le château (kessar), à Mdaourouch.

PROVINCES D'ALGER.

Le *tombeau de la chrétienne*, entre Alger et Cherchell.

Les monuments de Tefeced (ancienne Tipara).

Aqueduc de Médéah.

ITALIE.

Villa Medici, à Rome (palais de l'académie de France).

TABLE.

www.ingramcontent.com/pod-product-compliance
Lightning Source LLC
Chambersburg PA
CBHW070803290326
41931CB00011BA/2123

* 9 7 8 2 0 1 3 5 2 0 7 7 5 *